2 質的心理学フォーラム選書

物語りと共約幻想

川野健治
八ッ塚一郎
本山方子
編

新曜社

「質的心理学フォーラム選書」シリーズへの序文

質的研究への関心は、近年学際的な幅広い分野において急速な拡大を見せている。日本質的心理学会は、２００４年に創立され、心理学のみならずその幅広い関連分野における質的研究の理論、方法論を開拓し、新しい領域を切り開くことをめざして精力的な活動を続けている。『質的心理学フォーラム』は２００９年に、同学会の二つ目の機関誌として創刊された。設立当初より刊行されている『質的心理学研究』が、学術的研究投稿論文誌であるのとは異なり、『質的心理学フォーラム』は、執筆者のみならず読者を巻き込む議論や知的発想を喚起するような「良質な対話」の実現を図ることを最大の目的として掲げてきた。上記の目的のもとに、私達は、質的心理学・質的研究の最前線のテーマを「特集」としてとりあげ、双方向の対話を促進する試みを行ってきた。

デンジンとリンカンは、質的研究を「観察者を世界の中に位置づける状況依存的な活動」と端的に定義づけている。どのような領域においても、質的研究に関心をもつ者は、自分自身を世界から切り離して客観的に位置づけるのではなく、相互交流の場へ主体的に参入する覚悟が求められる。だからこそ、質的研究に関する学術的な対話が成立するためには、そこにおいて種々の対話の内容が生起し交流するための、自由で安全な「場」が必要とされる。このような「場」は、必ずしも特定の学会などの中に閉じられた閉鎖空間である必要はない。私達は、社会に開かれた新しい知識と実践の創出を目差す挑戦を続けることを選択し、『質的心理学フォーラム選書』を一般向けの学術書として発刊することにした。シリーズの第一巻として『インタビューという実践』が発行され、引き続いて今回、第二巻『物語りと共約幻想』の発行が実現した。

本シリーズの構成は、類書に比してかなり特徴があるので、少し説明しておきたい。各巻の各章は、時間的に同時に執筆されたものではない。まず最初に、特集テーマについての議論のきっかけとなる、編者二名による基幹論文（1章、2章）が執筆予定者に提示された。それを受けて、以降の章では数名の執筆者が基幹論文に応答しつつ、自身の実践経験や考察を提示する論考を執筆した。さらに各章の内容に対して、再び編者が共有点と課題をまとめつつ応答する形で編者討論の章が書かれた。ここまでの内容は、『質的心理学フォーラム』誌上で会員に公開され、それに対する意見論文が募集された。以上を読んだ会員から、意見論文が投稿され、さらにその意見論文に対して、議論のきっかけとなった論考の執筆者や編者からの応答を加えてまとめられたものが最終章の「問題の再提起とリプライ」である。

このように、本シリーズの各章は、それぞれが他の章に対する何らかの応答になっており、議論は再帰的、循環的なプロセスを経て醸成されている。このような創発の過程の一端なりとも読者に伝わり、なんらかのインスピレーションを喚起する助けとなるならば、本シリーズを単行本としてまとめた意義は達成されたことになるだろう。

本シリーズの発行は、新曜社の塩浦暲氏、小野雅喜氏の尽力によって実現したものであり、ここに深謝申し上げる。

２０１４年４月

シリーズ編者を代表して

斎藤清二

はじめに――物語りと共約幻想

「人は理解しあえるはずだ、理解をめざすべきだ」という願望、あるいは倫理的命題が、質的心理学を駆動する。その一方、質的心理学を支える理論や、具体的な調査の経験は、「理解には根本的な困難がつきまとう」という共約不可能性の問題を痛感させる。

質的心理学は、こうした矛盾や対立を、むしろ必須のダイナミズムとしている。これをさらに、質的研究の共有する「方法」的な規準へと高めることはできないだろうか。

物語りに耳を傾けることは、語りに巻き込まれ、当初の研究目的や方針を根底から揺るがされることでもある。研究者としての物語りを揺るがされ、異なる地平に連れ出される経験。そのうえで、記述の仕方や解釈の方法を次々と考えなおし、二度三度と語りの場に立ち戻る経験。重なり合う謎と困難と揺らぎを抱え、絶え間なく模索を続けるプロセスこそが、質的心理学の「正しい」方法のはずだ。

その意味では、揺らぎのない平板な物語りをつくらないための、方法的な歯止めのほうが必要なのかもしれない。小ぎれいにまとまった物語りは、大切なディテールや本質を、意図せず排除していくかもしれない。研究者という看板とその権威が、共約という幻想を生み出し、こざっぱりした物語りを語り手に強要しているかもしれない。そうした事態を常に警戒し、語りの場で付託される共約への願いに感応しつつ物語りを書きとめるための方法を、質的心理学の共有知見、共有財産にできないだろうか。

もちろん、質的心理学のフィールドは多彩で、方法の多様さこそがその財産ともいえる。しかし、物語りを、さらには研究者であること自体を問い直し、絶え間ない模索を通して強靭な理解を生み出していく営みには、どこか共通する構えがあるようにも思える。その痕跡を読者とともに読み取り、さらなる対話を深めていきたい。

編者を代表して
八ッ塚一郎

目次

3章　看護実践はいかに語られるのか？
――グループ・インタビューの語りに注目して　　西村ユミ　33

4章　語りによる体験の共約可能性　　森　直久　57

5章　ナラティヴの交錯としての紛争　　和田仁孝　81

目次

装釘＝臼井新太郎
装画＝やまもとゆか

1章　秘密、もしくは立ち上がる主体のために

川野健治

はじめに――自己紹介？

共約がなぜ幻想なのか。物語りとどう関係するのか。なぜ、物語に「り」を添えているのか。本書タイトルはなにやら謎めいているだろうか。本章の目的は、ジンメルの指摘した相互関係における「秘密」のあり方を補助線として、特集タイトルの示す内容を整理してみようというものである。まずは「自己紹介」から始める。あ、筆者が自己紹介をする、ということではない。

質的研究では、人や人のいる場やその痕跡に対して観察、インタビュー、資料収集、参与観察等を行う。人の振る舞いや言葉、活動などを見聞きし、あるいはともにいることで、人や人のあり方について理解を深めていく作業である。

要するにその人についての理解が重要である。それならば、当の本人に自由に自己紹介してもらうことも質的研究のデータ収集において効率的ではないかと尋ねれば、多くの質的研究者は直

感的に（とはいえ、やや疑念を含みつつ）「ＮＯ」と答えるのではないだろうか。本人がその場において、自分を表すと思われる表現を選び、語るのが自己紹介であるが、たとえば自己物語をテーマとする研究者でさえ「それだけでは不十分」と感じるように思う。たいていの自己紹介は短すぎる。情報不足である。偏っている。

ところで、劇作家・演出家の宮沢（2006）もまた、「相手と触れるところが浅いから」「自己紹介という仕組みはつまらない」と述べている。そして、自己紹介をつまらなさから開放する方法をいくつか紹介している。その一つが「何周も自己紹介をする」である。

宮沢が演劇ワークショップなどで行うらしいその方法は、まずその場の全員で輪をつくる。初めて会った人もいるわけで、順番に自己紹介をしていく。10人もいれば長々とした自己紹介は迷惑だと感じるので、「はじめまして。国立精神・神経センターというところで、こころの健康についての研究をしている川野といいます。よろしくお願いします」くらいにしておくだろうか。10人が一渡り自己紹介が終わると、「ではもう一言ずつ自己紹介をお願いします」と言われるので、しかたなく「こころの健康、と先ほどいいましたが、主なテーマは自殺です。自殺が専門というと、なんだか穏当ではないですね。正確には自殺が専門なのではなくて、自殺予防が専門です（笑）。よろしく」とまあ、情報を付け足すくらいだろうか。それでも司会者は容赦しない。3周目「じゃあ、そうですね、妻が一人。まあ、一人で十分ですが……」、4周目「今書いている本の原稿の締め切りが、とうに過ぎていて、学会で編集者に見つかるのが怖いんですよね……」、5周目「うちの隣に、俳優らしき人が引っ越して来たのですが、この人がちょっと強面で……」、6周目「さっきどなたかが、趣味で野球をしていらっしゃるとおっしゃっていましたが、私は昔……」、7周目「あのー、えっと、そうそう、うちのかみさんがね、……」、延々と続く自己紹介。当初は、このくらいでちょうどいいと判断して話していたのだが、だんだん話すつもりのなかったことまで、絞りだすことになる。ついには、「もう、自己紹介するような内容はありませーん」と泣きを入れることになるかも知れない。

演劇ワークショップでこれがどのような意味をもつのかは宮沢の文献にあたるなり、実際にワークショップに参加していただくとして、話は質的研究である。当の本人が言葉に詰まるまで自己紹介をしたのなら、今度こそ質的研究を行うに十分なデータを得て、理解に至るだろうかと再び尋ねるなら、どうだろう。

話せる限りのことを本人の意志で話したのだから、それこそがまさに本人の語りであり、これ以上の無理強いはせず、語られたすべてを余さず分析することに重要な意味がある、という考えが、まずは頭に浮かぶ。特に、前半の表面的・公的なカテゴリを用いた自己紹介よりも、文章が乱れ始める後半のほうは興味深いのではないだろうか、などとも思う。しかし次の瞬間、いや、それでもなお、研究者が関心をもって質問しないと（あるいは、語り合わないと）引き出せない側面が残っているという思いがすぐに立ち現れる。

1　秘密と対人関係

社会心理学における自己呈示研究が示してきたように、発信される情報の変容は自己紹介をする側の要因（たとえばパーソナリティ）だけに帰するものではなく、聞き手の存在を含めた環境との相互作用の中に見出されるものである。誰がいるかもわからない自己紹介の場で、たとえば参加者が自分の恥ずかしい習癖、犯罪歴、性的嗜好の詳細などを自ら語りだすはずはない。自己紹介という相互的関係において、呈示される（しうる）部分は限られている。言い換えれば、どれほど入念な自己紹介であったとしても、常に「秘密」が残されている。

この「秘密を想定した相互作用」について哲学者ジンメルが指摘したことの要諦は、菅野（2003）によると次のようなものである。人はお互いになんらかの一般的なカテゴリー（社会役割）を通じて出会うものであるが、決してその場の状況に応じた役割に還元され尽くさない「（全体的な）人格」を有する者として認め合っている。私の研究室にはときどき、韓国からの留学生の方が訪ねてきて修士論文の相談などをしていく。もちろん、指導の際には適切なアドバイスをしているつもりだが、時々時計をみて、主婦である彼女の事情を考慮して遅くならないように気をつけるし、文化比較に言及するときには、失礼にならないよう言葉を選んでいるつもりだ（が、時々失敗もしている）。

私たちはたしかに、その場の状況に応じたカテゴリーに制限された形で関係を営むが、しかしその役割的側面以外の可能性を全く排除したかたちで関係を形成するとは限らない。

どんな誠実なコミュニケーションであっても必ず〈情報の選択〉がなされており、また〈伝えきれない事柄や思い〉が残るのであり、そのことがまさに人間の関係のあり方を本質的に支えている。

さらに、ジンメルは秘密を想定した人間関係について3つの分類を示した。まず、合理的な目的のための関係「目的結合」。私たちが飛行機に乗るのは、その仕組みを完全に理解して納得しているからではなく、スタッフの専門的知識や業務への専心を十分に把握しているからでもない。それらは「秘密」として扱われ、かわりに有名な航空会社という一般的カテゴリーを裏打ちする、近代社会というシステムへの信頼をもつことで飛行機に乗る―乗せる関係は成立しているのである。ただし、そこにあるのは人格的な側面への顧慮もない、いわば純粋な機能的な関係である。

その対極には、親しい友人関係や夫婦関係のような「親密な関係」が想定されている。一見、人格的なことも含めあらゆる側面の共有が理想のようだが、社会的存在として人間のあり方が多様化・多元化した近（現）代においては、たとえ夫婦や親しい友人であっても知ってよいことと知らないほうがよいことがある。この秘密のあり様については、より繊細な判断である「配慮」が必要になると指摘している。そして目的結合と親密な関係の中間に「知人関係」が想定されている。知人関係とは、いわゆる顔見知りの関係であり、たとえば相手のプライバシーに踏み込まないことが当然とされる関係である。年に一度、質的心理学会の懇親会で顔を合わせるだけの人に、いきなりプライベートな質問をすることはない（とおもいます、たぶん）。

2　共約幻想の二つの源流

さて、ようやく準備が整った。研究という文脈において、私たちは「秘密」をどのように扱うだろうか。たとえば、インフォームド・コンセントによって相互に明示される以前に、そもそも協力者も研究者も、プライバシーを含むあらゆる情報が研究活動の俎上にのせられるとは前提していない。

しかし他方、質的研究という文脈には、人や人の活動を、「より」深く詳しく知りたいという2つの動機があることも指摘できる。より説明力のある結果を得たいという動機、そして、フィールドの研究協力者と相互に理解しあいたい、現場のよき理解者でありたいという動機である。

第一の動機について。質的心理学は、量的研究との対比のなかで明確化してきた側面がある。その量的研究には、仮説検証という仕組みがあり、これがいわば「理解／秘密」に対してストイックな姿勢を担保している。つまり、研究者が研究協力者に求める情報は、あらかじめ設定された仮説を検証するに必要十分な質・量であることが明確である。なかでも実験的研究はその最たるものであろう。実験計画法とは、可能な限り剰余の情報を制御し、いわば、「純粋たる理解」の成立を目指すものである。つまり、この検証手続きの限りにおいて、研究者が至る理解とは、「その仮説どおりであるか」に他ならず、それ以外の秘密に踏み込むということはないのである。ここでの研究者と研究協力者の関係は、上記の類型でいえば、理想的な「目的結合」ということになるだろう。

そして、多くの質的研究者は、この仕組みを手放したのである。あるいは、確信をもって放棄したのだ、と主張される方もあるだろう。いずれにせよ、質的研究における理解とは、あらかじめ線引きされるものではない。もちろん、「論理的で」「説明力がある」理解の仕方を追求するし、一定の理論的立場の中で、「理論的飽和」や「信用性」「転用可能性」といった基準を用いることもあるが、これらでさえも研究者と研究協力者の相互作用（研究）の当初から情報収集や理論構築に一定に作用するものではない。つまり、質的研究においては、「理解」と「秘密」はプロセスの中でその形を顕わにしていくことになる。研究協力者に研究結果を示し、一種の「答え合わせ」をすることだってあるだろう。これらはおそらく、当初に研究協力者が想定していたこと、つまり単に自己紹介を求められたなら話したであろうこととは、合致しない。

第二の動機について。質的研究のフィールドとして選ばれる場所は、人の活動の場であり、その研究は広い意味で問題への理解や解決を志向していることが少なくない。たとえば、（２００９年は一般論文が2本しかないので）２００８年の質的心理学研究の一般論文を確認してみると、「不妊治療」「死の意味づけ」「中絶体験」「トランスジェンダー」「（医者と患者の）情報共有」といったものが取り上げられていることからも、容易に想像がつくだろう。

上記の論文の著者が、というわけではなく、一般に質的研究者が長くフィールドに入り、人々と関わる中で「良き理解者でありたい」と思うのは当然ではないだろうか。いや、回りくどい言い方で申し訳ない。筆者はフィールドでそのように思っている自分に気づいている。さらに、よく指摘されることとして、それぞれのフィールドで研究者／専門家として助言を求められるとき、より役に立つ存在でありたいとして答えを出そうとする。それが本来の研究の文脈からずれているからといって、拒絶することは難しい。そのような誘惑に駆られる。

つまり、質的研究者はフィールドで強く「達成と親和」にむけて動機づけられており、そのために、理解はやや「オーバーラン」をしてしまう可能性を孕んでいるのではないか、といいたいのである。それは単にプライバシーを侵害する、という話だけではない。

こんな例はどうだろう。調査をしている学校で自傷をしている子どもと出会い、しかし、学校での観察と本人や先生へのインタビューだけで不明点は残る。それでもなんとか子どもの身体を守るためにも理解につとめ、しかるべき対応をする。ところが、何かのきっかけで、これで終わらず、やはりどうしても親の話が聞きたいと思いいたるのである。このことを本人に了解を取ろうとしたとき、親には話して欲しくないという息詰まるような本人の語りが始まる……。この研究者はプロセスの異なる段階で、当初の研究計画からすれば本来知り得ない、あるいは知る必要のない情報を求め、それぞれで異なる理解にいたるだろう。そして、子どもの側でも、伝えうる内容はまた、状況に応じて異なっている。このとき、共約とはどのように成立するのか。

共約不可能性ということばは、本来、概念、方法論などに違いを持つ異なるパラダイム同士の間で、概念間の対応付けがうまく出来ない状態のことを指す。より一般的には両者が共通の枠組みをもたないため、理解を完全に共有できないことを指すといっていいだろう。研究という文脈において、研究者と研究協力者は、かならずしも「理解／秘密」の持ち方・表現の仕方を共通に前提している保証はない。それにも関わらず、とくに研究者は共約に強く動機づけられている。ここに、幻想が生まれるしかけが伏流しているのではないだろうか。

３　やぎさんゆうびんと秘密のふるまい

この小見出しでは、なんだか、英国の眼鏡をかけた魔法使いの少年の映画のタイトルみたいだ。ともあれ、「やぎさんゆうびん」という童謡（まど・みちお作詞、團伊玖磨作曲）をご存じの方は多いだろう。実は筆者は「しかたがないので　お返事かいた」というように誤って覚えていたのだが、原詩は以下の通り（まど 1994）。

しろやぎさんから　おてがみ　ついた
くろやぎさんたら　よまずに　たべた
しかたがないので　おてがみ　かいた
―さっきの　おてがみ
ごようじ　なあに

そしてご承知のように、二番に続く。

くろやぎさんから　おてがみ　ついた
しろやぎさんたら　よまずに　たべた
しかたがないので　おてがみ　かいた
―さっきの　おてがみ
ごようじ　なあに

子どもは、この終わりのない繰り返しを面白がる。ばかだなあ、読まずに食べちゃったんだ。きりがないじゃないか。それから、郵便に深く興味をお持ちになっているS大学のH馬先生などは、この構造に深淵なる考察をされているそうだが、筆者はそのどちらにも与するつもりはない

（すくなくとも後者には歯が立たない）。単純に、やぎさんたちが、相手について秘密を抱えたまま（相手の言いたいことを知らないまま）、相互関係を成立させている点を指摘するのみである。

秘密は、必ずしも相互関係を阻害するものではなく、むしろ関係に継続性や深みを与えるものでもある。やぎさんはお互いに、相手の言いたいことを知らず、相手が手紙を読んでいないことをも知らず、ただ、自分に手紙で「何かを伝えてくれようとしている」存在として肯定的に受け入れているのであろう。ジンメルなら、郵便というコミュニケーションの作法は変えずに、今後も我慢強く尋ね返すのであろうやぎさんたちをみて（とくに、最初になにかの用件があったはずのしろやぎさんをみて）、知人関係の成立を指摘するはずである（山羊だけど）。

ここでさらに、やぎさんはなぜ食べるのを少し我慢して手紙を読んでみないのか、と想像してみたい。つまり、読まずにおくほうが良いという判断が働いているのではないか。白か黒のどちらかが（両方が?）、秘密について慎重な配慮をして読まないでいるのではないか、と考えるのである。

筆者はかつて自死遺族の方にお話を伺った時、質問ができなかった経験がある。そのご遺族は、インタビューに協力的であり、いろいろな深いお話を聞かせてくださったのが、ある部分に関しては「記憶にない」、そしてそれが「自分でも不思議なのだけど」とおっしゃるのである。一方、筆者は、この点について、たとえば「それは、あまり思い出したくないということですか」などと尋ねることができそうな場面で、口をはさんでいなかったことが、後に行った語りの分析で見出された（川野 2009）。

ここで分析の焦点を、語りの中身ではなく、「記憶がないことも含めた語り方」にあてることで重要な点が理解できた。そして、このような研究者としてのあり様を「封筒だけを見せてもらい、中身を目にしなかった」ものの振るまい、と自ら説明づけたのである。ここまでの議論に沿って言い換えるなら、秘密となっている（つまり、記憶にないと語っている）ことに配慮し、どのように秘密にしているのかに焦点をあてることで、研究として成立したのだと説明した。

4　物語りの主体として

さて、それでよかったのだろうか、と本章を終えるにあたって、また考えているのである。相手が秘密だと明示していることについて尋ねることをしない。それは、知人関係であるなら必要な配慮といえるだろう。近（現）代の（おそらく、西洋を中心とした）社会はそのようにして、秩序を形成しているというのが、ジンメルの指摘するところである。しかし、それはどこまで普遍化できるのだろう。そして、質的研究としてはどうだったのだろう。先に議論した親和動機の逆方向の影響、つまり研究協力者のいやがる内容についてインタビューしたくないという、ごく単純な回避ではなかったと言い切れるだろうか。

質的研究における理解と秘密は、単純に線引きされるものではなく、あくまでプロセスのなかで定まるものである。研究者の理解が、研究の成果としてフィールドの改善に貢献するのであるのなら、なおさら、あきらめず研究協力者との不断の交流を続けるなかで、理解と秘密の関係を問い直し続けるべきではないのか。それは一意に向かう量的アプローチとは逆に、むしろ多元的・多様的な解を、研究協力者と研究者が時間をおって共犯的に生み出す営みとなる可能性がある。ここに、単に語りあって見出した理解の内容「物語」だけではなく、その過程自体を視野にいれた「物語り」研究を重視する必要性を見出すことができるだろう。

そして、「物語り」が継続される限り、いくつもの理解＝物語を生み出す可能性を有するわけであるが、その結果として見出される多元・多様な意味の世界を、そのまま無批判に研究成果とするわけにはいかないかも知れない。流動する物語りの周辺に位置して、「それもＹＥＳ」というだけであれば、研究とは何でありうるだろう。ここで私たちは、研究者として一つの物語を表し、研究協力者が専門家として付託してくれた「秘密（研究への真摯な態度や知識）」を前提とした信頼に対して責任をもつために、質的研究者としての主体を立ち上げざるを得ない。つまり、その時点においてできる限りでの結論をだす、そして一つの物語の成立を示す。その物語は無論、絶対ではなく、いずれ次の物語のために場所を明けわたすのかも知れないが、その軌跡をもまた、研究の成果としていくのである。

こうしてみると、私たちは、共約幻想をも糧とすることで、研究という生業を成立させているのではないだろうか。ギリシャ神話で、山頂まで岩を押し上げると、岩が転げ落ち、それをまた山頂まで押し上げるという永久の罰を受けたシシュホスのように、共約を目指し、またそれを追って山を下る過程自体こそを（内田 2009）、制御し理解していくものなのかも知れない。それにしても、研究者として、物語りの周辺ではなく、主体としてあるための起源とはどのようなものだろう。こうして私たちは、本章でここまで等閑視されてきた、研究者の「秘密」へとようやく向かうことになるのであるが、それは次章に預ける。

本章で説明を試みた、特集〈物語りと共約幻想〉の趣旨は次のようなものである。

1．質的研究は、共約への幻想に至る動機を含んでいるのではないか
2．質的研究では理解と秘密の関係をプロセスの中で調整していくのだが、簡単ではない
3．物語を共有しようとする試みには限界があり、物語りへの注目が必要ではないか
4．物語りの場において、研究者を主体たらしめる起源とは、いかにあり得るのだろうか

2章　理論を帯びた研究、理論という名の方法

八ッ塚一郎

はじめに――質的心理学における理論の位置

本章の目的は、質的心理学における理論の役割を再検討し、共約不可能性を前提とした新たな方法論を展望することである。質的心理学が既存の心理学とは異なるアプローチであるなら、理解するという営みについても従来とは異なる構えが必要である。理解の困難あるいは共約不可能性を基盤に据え、理論そのものを方法として活用する研究がいま求められているのではないか。最前線の研究は実質的にそうした方法的構えをもっているのではないか。このような展望のもと、理論というスタンスから問題提起を行いたい。理論をめぐる議論は、研究の実際から離れた空理空論のようにもみえる。しかし、質的心理学の研究がリアルに展開されるためにはむしろ理論が不可欠というのが本章の端的な主張である。

以下、本章ではイアン・パーカーの論考（Parker, 2008/2005）を援用しながら、質的研究にお

ける理論の位置づけと新たな方法論を検討する。まず理論と理解の位置づけに即して問題を設定する（本節）。次に、理論的考察はフィールドの経験と対立するものではなく、むしろ研究のリアルに直結しているという論点を提起する（2節）。そのうえで、共約不可能性が研究活動の根源をなしていることを示し、了解不能点を研究の焦点に据えた方法論を概観する（3節）。最後に、こうした議論から導き出される帰結について一言する（4節）。

理論は、共約不可能性を指摘し、それをもっぱら強調するものであるようにみえる。パーカーは、質的研究に影響を与えそれを形作ってきた有力な理論として、たとえばフェミニズムやフーコーを取り上げている。これらの理論も、一見したところでは、理解の断絶、社会関係の中にある決定的な差異をもっぱら指摘している。

フェミニズムの理論は、人々の属する「立場」によって認識のあり方に根本的な差異が生じることを指摘し、その大きな断絶を強調する。直接的には性差をめぐる考察の中で、優位な立場にある者とそうでない者の間に、ものの見え方に関する決定的なちがいが生じることを指摘する。劣位に置かれた者にはありありと感受される差別や相違が、優位にある者には決して見えず、そもそも存在すらしていない。さらには、個人的な趣味や関心のような事柄自体が、立場の相違によって大きく規定され形成されている。立場の相違による認識の拘束という問題は、人間科学全般にも広く刺激を与えた。

またフーコーの浩瀚な議論は、たとえば研究者と研究協力者の間にある大きな断絶を指摘する。

知の体系を背負った研究者は、本人も無自覚なままに権力を有する地位に立っており、特定の構えで研究協力者に接している。むしろ研究活動は、ひとつの学知を正当化し、それを維持するために展開される。逆に研究される側の人々は、そうした力関係のもとで、語りの様式を最初から制約されている。相互作用の至るところ、関係の細部でこのような権力作用が発生し、われわれは互いに規定しあい拘束しあっているというのがフーコー権力論の骨子でもあった。

パーカーはさらに、マルクス主義と精神分析を挙げて、質的心理学にとっての重要な源泉と位置づけている。いずれも異質な背景と主張をもった理論であるが、これら4つはみな、個々人の認識や行為が、当事者の主観とは別の要因によって規定され拘束されていることを指摘する点で共通している。人々のおかれた立場や状況の相違によって、理解や認識のあり方は大きく異なること。それどころか、そうした断絶をむしろ強化すべく人々の実践はなされてしまうこと。このような問題意識は、性差や知の権力性から、差別と少数者、異文化とその受容、あるいは、組織や地域社会の構造、そこに潜む病理など、質的心理学にも関連する多様な研究の領域を切り開いてきた。

その一方で、質的心理学の方法論は、理論を過度に強調することに警戒的であるようにみえる。もとより、何らかの結論をあらかじめ定めたうえで、それにあわせてフィールドの事象を取捨選択し配置するとしたら本末転倒である。特定の価値観やイデオロギー的主張による結論が先行すれば、人々の語りは単なる素材にしかならない。その意味では、理論につきまとうイデオロギー性から一定の距離をおき、真摯に対象と向き合う姿勢を明確にしたことで、質的心理学の普及と拡大が進展したともいえる。

ここで鍵となるのはナラティヴ、物語りの概念である。語り、あるいは言語的交通を重要な契機として対象を理解しようという姿勢は、質的心理学が共有する基本的なスタンスであると言ってもよい。断絶を超え理解を進展させる営みとして物語りは位置づけられる。研究協力者のもとを訪れ、その声に真摯に耳を傾けることで、質的心理学は対象を理解し、共約の関係を築こうとしている。

理論が設定した問題、理論によって見出された断絶を、物語りという実践によって理解すること。このようなストーリーが、質的心理学では暗黙裡に共有されているようにみえる。それゆえ研究の場面では、対象を理解しようとする関心が何よりも優先される。同時に、得られた語りをいかに分析するかの技術論が、方法論の中では議論されがちになっているようにも思われる。

しかし、質的研究が普及し拡大するなかで、それだけでは済まない状況が訪れつつあるのではないだろうか。適切で真摯な理解をめざすためには、研究者の関心や意欲のみに依らず、また分析の技術論にとどまるのでもない、理論に根ざした方法論が必要となるのではないだろうか。質的心理学の最前線で、それはすでに実践の問題となっているのではないだろうか。

1　理論と物語りの逆接

理論はことさらに共約不可能性を強調するようにみえる。しかし、理論はフィールドにおける具体的な相互作用を緊密に反映してもいる。むしろ、理論的であることがリアルを把握するための条件ともなっている。反対に、物語りはその本性上、理解をゆがめ遠ざけるようにも作用する。物語ることのもつ、研究者と研究協力者を架橋するはたらきは、ときに研究者を拘束するものとしても作用する。本節ではパーカーの記述に依拠しつつこれらの逆接を検討する。

物語りに真摯に耳を傾けること、研究協力者の理解に心を配ることが、質的心理学の重要な使命であり倫理であることは疑い得ない。しかし同時に、理解をめざす営みは、虚構と演技によって裏付けられてもいる。パーカーが方法として理論を活用しようとしているのは、まさにこの点においてのことである。

語りの概念が紹介された当初から、「語りは騙りである」という言い回しがなされてきた。すなわち、自然科学的・論理実証主義的な筋道とは異なる因果の連鎖や主観的説明を提示し、現実化できるのが物語りだとされてきた。ここでは、この言い回しをコミュニケーションの本態とみなすことから方法論を展望したい。当然ながら、ここでいう騙りは、欺瞞的な語り手、悪意をもって語る協力者のことだけを意味しない。真摯に物語り、やりとりをすること自体が、不可避的に「騙り」でもあるという事態を出発点に、質的心理学の方法論を展望する。
たとえば、「そうそう」「うん」「なるほど」などといった相づちやうなづきは、話を導くため、相手に対する関心を示すための演技である。研究活動をはじめ、相互作用の場面では、私たちはゴフマン的な演技のやりとりを実践している。むしろ、こうした演技を抜きにしては、理解を進展させ、そもそも研究協力者と関係を築くこともできない。物語りが成立するとは、研究者の適切な演技が見事に決まったということでもある。

同時に、研究協力者の側も、物語ることで演技をしている。研究者が真摯かつ誠実に問いを発することは、研究協力者にとって、たとえば格好の発言機会、絶好のステージを与えられるということである。意気投合し素晴らしい語りが展開しているとき、研究者は研究協力者の絶妙の演技を目にしているのだともいえる。

他方で、研究者の真摯な問いかけは、研究協力者にとってのプレッシャーともなる。実はあまり考えたこともなく発言すべき材料もないのに、研究者の真剣な目を見ると放っておけない。そのために、無理をして発言をひねり出したり、求められるまま研究者のほしがっている回答をわざわざ整えてくれたりもする（たとえば宮本・安渓 2008）。

パーカーは、これらの問題を具体的な研究の場面に引きうつし、「論文で使ってはいけない表現」という皮肉な表題で列挙している。たとえば、フィールドワークを展開し、エスノグラフィやインタビューによって成果を得たとき、われわれは次のような文言を論文に記す。あるいは、書かないまでもこうした気概を胸に刻んでいる。

①「私は幸運にもコミュニティからの信頼と尊敬を得ることができた」（訳書 p.68）

しかし、これについてパーカーは次のように注意を促す。「コミュニティに受け入れてもらえるかどうか、あなたがあまりにも不安そうなので、コミュニティの人々が気の毒に思って相手をしてくれただけである。あるいは、コミュニティの特定の層が、あなたを味方につけようと計算ずくで対応してくれたのだ」（同）

皮肉な言い回しではあるが、研究協力者とのやりとりにはこうした問いが常につきまとう。信頼されているというのは勝手な思い込みかもしれないし、お互いわかっているはずだと一人合点しているだけかもしれない。研究協力者を尊重することは、こうした問いを自分に向けることでもある。

質的心理学は、往々にして実験心理学を批判し、あり得ない設定をつくっているとその虚構性を非難してきた。しかし、質的なアプローチをとり、物語りを主軸にすることも、ひとつの場面を設定することに変わりはなく、そこには不可避的に虚構の関係がつきまとう。それゆえ「自分がどう受けとめられているかを研究者は常に問い続けなくてはならない」（同）。

筆者自身、これを的確に実践しているとは言い難い。たとえば大災害の被災地で活動する救援ボランティア団体を訪れたとき、経験も見聞も乏しい筆者は明らかに「気の毒がられ」「相手をしてもらって」いた。また、受け入れてくれた団体のリーダーには、自分たちの活動を社会にアピールさせたいという計算も明確にあった。むしろ、こうした背景や思惑そのものが、当該団体やスタッフの重要な特徴をなしていたということに、後になって思い至った（八ッ塚 2008）。

②「部外者には滅多に見ることのできない実態を私は観察できた」（訳書 p.68）

論文の文言にするか否かは別として、大切な場面に遭遇した、貴重な瞬間に居合わせたと思える局面はある。しかし、パーカーによれば何事もすべて演技である。すなわち、「日常生活のドラマは常に他に向けて演じられるもの」（同）である。そこで演じられていることは常に、「人々が他人に見せたいと思っている事柄かもしれない」（同）。

観察者がそこにいる以上、行為のあり方は必ずそれを織り込んで変化している。しかし、フィールドや語りの場面における高揚感と、それを記述する筆致は、臨在する自分自身の姿を透明化し中立化するよう働くこともある。

そうではなく、その場面では他にも可能な選択肢があったのに、なぜ当該の演技が選択されたのか。また、それを演じることによって、人々は何を表現しようとしたのか。このことを検討する必要があるとパーカーは指摘している。

翻ってみれば、筆者が参与観察した被災地のボランティアたちは、ことさらに陽気で雑然としたたたずまいを日々の活動のなかで示していた。それは「部外者には見えない真実」ではなく、「ボランティアというものをどのように見てほしいか」「自分たちはどのような自己イメージのもとに活動しているか」というアピールであった。

③「誰それが本当に自分の話をしてくれた」（訳書 p.90）
「彼らは本当の物語を私に話してくれた」（訳書 p.115）
研究協力者との間で、かけがえのない時間、貴重な対話を共有できたと思える瞬間がある。たいせつなことを聞けたと感じ、使命感すらもって論文に記す。しかしパーカーはここでも冷水を浴びせる。
「本当に自分の話をしてくれた――わけはない。あなたがインタビューした人は、本当にあなたに話を聞いてほしかったのだとなぜ言い切れるのか？　物語は常に聴衆に向けて制作される。だから、パフォーマンスに引っ張り込まれてはならない」（訳書 p.90）
パフォーマンスに乗ってしまうのではなく、「その人はどんなバージョンの話をしてくれたのか、語るにあたってなぜそのスタイルを採用したのか」（同）に着目しなくてはならない。あるいは、パフォーマンスを通してその人が何を伝えようとしたかったのかを問わなくてはならない」（訳書 p.115）。
かけがえのない時間、重要な対話がなされた局面とは、あるパフォーマンスが成立し完成した瞬間のことである。研究者の責務は、パフォーマンスを共有することではなく、そのパフォーマンスの意味と成立した背景を検討することである。パーカーの議論をこのように変奏することもできる。
筆者自身は、大災害から10年という節目の年に、地域でボランティアの活動を継続する人たちの現状認識や決意を聴取したことがある。これらの談話を当事者の本心や本当の物語りと解釈することは、たしかにあまりにもナイーヴであると思われた。それはむしろ、節目の年に際し、筆者とのそれまでの関係に即して提示してもらえた、決意表明という演技と考えるべきであった。そしてそれこそが、被災を経た社会の変化やボランティアの役割を浮かび上がらせる貴重な手がかりであった（八ッ塚 2008）。

さらに多くの警告もあるが、ここではパーカーの記述（Parker, 2008/2005）の一部を引用した。皮肉の強い表現ながら、いずれも、研究協力者と対峙し、場面や言説をリアルに把握することの意味を示した発言となっている。あるいは、リフレクシヴな視点、反省の契機を具体的に表現したのが上記引用の文言であるともいえる。このような理論的転換は、さらに具体的な研究の方法と直結する。

2　方法への展望——了解不能点と物語り

本節では、パーカーの議論に依拠しながら、共約不可能性をむしろ前提とする研究の方法について展望を述べる。物語りの果たす役割と、その理論的な意味を検討することを通して、理論そのものが方法として機能することを概観する。

ブルーナーは、語りの発生について大略次のような見解を述べている（Bruner, 1999/1990）。

逸脱や例外的事象など、理解しがたい事項があるとき、それらを整序し、日常的な現実に受け入れられるよう語りがなされる。物語ることは、齟齬をきたす現実をならべかえ、日常的な現実に織り込む働きをもっているのだと言い換えてもよい。

ここで考えるべきは次の点である。一見したところ、物語りは、逸脱や例外などを説明し、理解できるよう整えてくれているようにもみえる。しかしそれは、あらゆる事象が何らかの基準のもとに配列され、共約の関係が成立するということと等値ではない。物語るという営みは、必ずしも、共通する理念や枠組みを生み出すとは限らない。

端的に言えば、共約し得ない対立を隠蔽するために物語りが生じる場合もある。なにごとかを隠蔽、抑圧し、顕在化させないようにすることも、物語ることの重要な機能である。語りは騙りであり、必要なら「語らず」別様に語ってすませることもできる。語ることは、語れない事柄、矛盾や食い違いを放置し「スルーする」ことでもある。

それゆえ研究者は、ともに演技する共犯者であると同時に、矛盾を回避し、なかったことにする共犯者ともなり得る。ひとつの物語りが選択され、協力者とともに研究者がそれを受容することは、あり得た他の物語りを隠蔽し潜在化させることでもある。このとき研究者は、悪意ではおよそなく、誠実かつ真摯な姿勢で、騙りの片棒をかつぐことになる。

前節で列記したパーカーの皮肉な発言は、このような事態に自覚と警戒を促すものでもあった。しかし、それは決して懐疑主義や不可知論に陥るものではないし、共約不可能性をかかげて研究の不可能性を主張するものではない。物語りをリアルに把握するための基本条件を述べたものと解するべきである。

むしろ、こうした物語りの欺瞞性、隠蔽性を、所与の前提として研究の中に織り込んでおく必要がある。物語りに真摯に耳を傾けることは、同時に、語られた特定の物語だけを採用し、他の可能性を抑圧することでもある。このことを自覚することは、さまざまな倫理規定に勝るとも劣らない研究者の責任となる。

見方を変えれば、物語りの欺瞞性や隠蔽性こそが、研究の場面で研究者を駆動してもいる。たとえば研究者は、物語を収集し一定の結論を得たにもかかわらず、とりつかれたようにフィールドを再訪し繰り返し話を聞こうとする。なぜか気にかかることが残存し、いつまでも物語りを引きずり続ける。わかったと思った途端に新しい謎が発生し、研究の体勢を立て直す。

こうしたプロセスそのものを、研究の方法論として対象化し共有することが質的研究の課題であろう。わからなさの感覚、共約不可能性を軸に据えた方法論として、以下では、パーカーの記述から2点を挙げる。

第一に、パーカーは、エスノグラフィ研究に即して、了解不能点への着目というポイントを挙げる（訳書 p.54）。了解不能点（point of impossibility）とはパーカーの用語であり、人々の談話や説明の間に生じる、理解しがたい矛盾や食い違いのことを指す。端的にいえば、同じ人物や現象のことを話題にしているのに、研究協力者によってそれに対する見方や発言が相違し整合せず、文字通り共約不可能であるのが了解不能点である。

このような事態は、観察や聞き取りの過程では、研究者の勘違いか情報不足とみなされがちであり、それゆえ矛盾として端的に放置され無視されもする。記録しておくべきかどうかすら悩ましい情報のもつれ、あるいは研究上の不手際として、取り上げられずに終わるトピックと言ってもよい。

しかし、このような了解不能点こそが真に重要なことを教えてくれるのであり、そこに着目すべきだとパーカーは述べている。了解不能点が存在するということは、フィールドの内部に異質なサブグループが存在していることを意味する。たとえば、コミュニティや組織体の中で、特定の人物や活動についてまったく異質で整合しないうわさや風評が得られたとする。そのことは、相異なる2つのサブグループの存在を浮かび上がらせる。

そこからは、サブグループの存在がそれまで見えにくかったのはなぜか、サブグループの相違は通常どのように隠蔽されているのか、等々の問題を検討することができる。そしてそれは何より、当該のコミュニティや組織体がいかなる構造を持っているか、またそれがどのような特性や問題点につながっているかを明らかにする端緒ともなる。

第二に、パーカーはインタビュー研究に即して、能動的な語りの実践を提起している。パーカーによれば、インタビューは遭遇の場であり、研究者と研究協力者の双方が、それぞれ新しい発見を得る場である。言い換えると、インタビューは情報収集の場ではない。研究協力者自身も意識していなかった事項を、双方の共同作業によって発見することがインタビューである。

そのための具体的な方法として、むしろわからなさの感覚を刺激して新たな発言を喚起し、あえて積極的にコンフリクトを引き起こすという戦略をパーカーは提案している。具体的には次のような6項目が挙げられている（訳書 p.82）。

①インタビュイーから逆にインタビューされるよう仕向ける。たとえば、インタビューのテーマや基本前提について素朴に問い返されれば、研究者はそれらをあらためて明確にせざるを得なくなるし、インタビュイーの積極的な研究参加も促せる。

②グループインタビューをむしろ基本とし、インタビュイー同士が互いにインタビューしあうように仕向ける。それによって、インタビュイーたちが実際に重視しているトピックを浮上させる。インタビュイーたちの勝手な雑談や話の暴走こそが、彼らの関心や物語りの特性を明らかにする。

③インタビュイーに、その発言や説明が、本当は別の誰かに向けられているのではないかと問う。インタビューに仮託して、別の人に聞いてほしいメッセージを発しているのではないかと、あえて問うてみるわけである。これによって、インタビュイーが想定している重要な「他者」や言説が浮かび上がる。

④インタビュイーに、あえて別の役割で話してもらう。たとえば、別の立場にある人物であれば同様の状況をどう表現するか考えてもらう。語り手としての意識とはちがうやり方で物語るこ

とにより、インタビュイーにとっても研究者にとっても事態が整理される。

⑤インタビュイーを怒らせる。文字通りコンフリクトを引き起こすことで、語られず背景に退いている事柄を対象化する。

⑥了解不能点に着目する。たとえば、双方の発言が食い違ったまま合意が得られない事象や、互いに理解しあえないまま放置せざるを得ないトピックも、インタビューでは必ず発生する。しかしそれによって、研究者とインタビュイーとの相違や、それぞれの立場がもつ特性が明らかとなる。

ただちに見て取れるように、上述したインタビュー戦略には、バフチン的な対話のダイナミズムが色濃く反映されている。語られた声だけでなく、そこに重ねられた多層的なメッセージや対立にまで目を配るものであり、文字通り理論がそのまま応用されていると言ってもよい。さらにパーカーは、エスノグラフィとインタビューだけでなく、ライフヒストリー的なナラティヴ研究、言説分析等についても、共約不可能であることをむしろ出発点とする研究の方法を述べている。あわせて、質的心理学でクローズアップされることの多い代表的な研究方法について激烈な批判の文言を寄せているが本章では割愛する。

3　むすび

最後に、上記の展望から質的心理学にもたらされる影響について一言する。質的心理学の方法を見直し展開することは、研究者のアイデンティティを拡散し錯綜させる。しかし、そのことが逆に、質的心理学のアイデンティティを形成する。

研究の場面や対話を見直し（2節）、方法を理論に即したものにすること（3節）は、それだけにとどまらず、質的心理学と研究者のあり方にも問い直しを求める。それは、質的研究にとって必ずしも快適な状況ではない。

たとえば、語り合い、物語りを共有して理解を進めることは、質的心理学の基本的な前提とも目されてきた。しかしそれは、多数派的な「わかりやすい」「受容しやすい」物語をもっぱら繁茂させ、言説の葛藤を隠蔽することにつながっているかもしれない。

また、努力を重ねて研究協力者との関係を樹立し、やっとのことでたどりついた物語を、研究者は絶えず疑い、ときに容赦なく放棄することをも求められる。このような自問や自己刷新は、研究者にとっては苦痛ですらある。

しかし、自らの研究やその成果、得られた物語や協力者との関係を疑い、新たな問いへと常に開いておくことこそが、質的心理学の倫理あるいは責任となる。質的心理学の最前線は、この点でさらに徹底した問いを突き付ける。

質的心理学を標榜することは、従来の心理学から離脱し、こうした問いを引き受けることでもある。それは同時に、従来の「研究者」という立場にはとどまれないことを受け入れ、揺らぎ続けることを研究者としてのアイデンティティとすることでもある。新しい語りを導き出そうとする者は、物語る実践によって自らも影響され、変容される。研究者としての物語り、研究者としてのアイデンティティは、実践する者、一線をあえて踏み越える者、悩む者等々と絶えず揺らぎ、拡散し続ける。その度合いや内実は別として、不可避的に揺らぎを抱えることが、質的心理学を特徴づける共通の痕跡となる。

ちなみにパーカーは、クルト・レヴィンの「よき理論ほど実践的なものはない」(Lewin, 1946) という著名な一文を反転させて、「よき実践ほど理論的なものはない」と述べている (Parker, 2008/2005)。理論的であるということは、特定の学派を標榜することや、何らかの理論家を信奉するということではない。そうではなく、対象と向き合い、自らの研究の在り方や研究者としてのアイデンティティを問い直すとき、研究はすでに理論の響きを帯びている。質的心理学をひとつの学科とし、異質なフィールドや多彩な関心を交錯、共有させているのは、そうした基底的な理論的構えである。

3章　看護実践はいかに語られるのか？
——グループ・インタビューの語りに注目して

西村ユミ

はじめに

私はこれまで、看護師たちの実践の語りを手がかりにして、患者との交流や実践の成り立ち方などを探究してきた。その際、つねに留意していた（いる）のは、その経験を実践者であり語り手でもある看護師たち（当事者）の視点から、それがいかに経験されているのかを理解することである。当事者の知覚経験に、ある事象がいかに立ち現われるか？　この問いに徹することは、探求しようとする事象の特徴に研究の方法や探求の視点を学ぶことでもある。そのためには、既存の理論や枠組み、方法に縛られずに研究を進めることが求められる。私は、これらの視点の多くを現象学、とりわけフランスの哲学者であるメルロ=ポンティ（Merleau-Ponty, 1967/1945; 1974/1945）の身体論に学んできた。

ここでは、複数人で遂行される看護実践の成り立ちを探求した研究[1]を取り上げ、その際に取り組んだグループ・インタビューでの語りの記述を通して、実践が参加者たちによっていかに語られ、またその語りにおいて何が行われているのかを探求していく。それゆえ本稿においても、事象である語りの方が強いてくるその方法や視点に学びながら議論を進めたい。さらに、この探求作業を反省的に捉え直すことを通して、本書の課題である「質的研究はどのように対象を理解するのか」という問いについて検討したい。

1　なぜ看護を語る場に参加したのか？

(1) 看護実践の言語化の試み

「何の気なしにやっていることを言葉に出して考えてみるっていうのは、おもしろそうだなと思った」。この言葉は、初回のグループ・インタビューの開始時に参加動機を問うた際、Cさんによって最初に発せられた。他の参加者は別の箇所で、自分の看護の仕方を考えたことはなかった、あるいはそれを説明することはとても難しいと語った。こうした看護師たちの言葉からも、自分がどのように実践しているのかを言語化することはほとんどなく、またそれは難しいと思われているようである。サーサス（Psathas, 1995/1988）も述べている通り、社会の成員たちは「何かをする時に、そもそも、自分たちがどうやっているのかなどということに関心がない。彼らはただそれをやることにだけ関心がある」（p.23）のだ。勤務中の看護師たちは、患者に何らかの援助をすることに関心を向けているのであり、自分がいかにそれを成し遂げているのか、いかに実践をしているのかに注意を向けてはいない。だから自分の振る舞いやその仕方を自覚したり、説明したりすることは難しいのであろう。[2]だが、それを試みることは「おもしろそう」なこととも言われる。

次いで発言したのはＡさんだった。病棟を異動したばかりのＡさんは、臨床経験年数が豊富であるため、わからないことばかりの新病棟でもすぐにリーダー業務などを任された。それゆえ、「何でもやっぱり今はやって経験しないと、やっぱり身につかないしと思って、こういう場でいろんな人の話が聞けたりとか意見が聞けて自分のためになればいいなと思ったのがきっかけ」だと語る。Ａさんは新しい状況に応じるためにもいろいろなことを「やって経験」して、それを身につけようとしており、グループ・インタビューという場で他者の話を聞いたり他者と語り合ったりしながらそれを試みようとする。

他者との語らいが自分の経験のためになるかもしれない。それもそのはずだ。病棟などで看護師たちの実践を見ていると、彼らはいつもつねに相談をしたり、伝達をしたり、注意をし合うなど、言葉を交わし合いながら仕事をしている。実際に、急性期病棟で行ったフィールドワークにおいて、あるがん患者の痛みの評価について議論されたカンファレンスに参加したことがあるが、その場で看護師たちは、「痛みスケール」という「測定装置をどのように用いるべきか、という方法論的な議論」を通して、「評価されるべき対象を措定し、分割し、評価のための基準を作り出すワーク」を行っていた（前田・西村 2010, p.55）。ここでは、参加者同士の議論がスケールの使い方やそれを用いた評価の基準を作り出す実践となっており、それらは痛みを理解する実践に組み込まれていく。言い換えると、他者との議論を通して患者を理解するための視点が作られる、そのことを看護師たちは日常的に経験し、それを手がかりにして実践をしているのである。

彼らが実践を語る方法として本研究で採用したグループ・インタビューも、「ある特定の話題に対して、率直で、日常的な会話を作り出すこと」（Vaughn, Schumm, & Sinagub, 1999/1996, p.8）を目標としており、「それぞれの人々の視点を発見し、また人々に異なった視点を表現することを促す」（p.9）ものである。つまり自分たちの看護実践を主題化した複数人での語らいは、患者の援助を志向する日常的なカンファレンスや申し送り、相談や伝達などと同様の会話を作りつつ、同時に、彼らの関心を自分たちの実践に向け返すことによって、発見的な会話として機能する可能性があるのだ。それゆえこの語らいの場には、実践者たちが自らの視点から、言語化し難い実践経験を語り出す可能性が孕まれていると思われる。

ここでは、Aさんが動機としても語った、他者の経験を聴き、他者と対話をすることを通して、実践がいかに語られるのか、またその語りにおいて何が生じているのかを紐解いてゆきたい。

（２）看護を語る場としてのグループ・インタビュー

本論に入る前に、グループ・インタビューの運営について触れておく。インタビューへの参加者は、５００余名の看護師が所属する総合病院にチラシを配布して募集した。チラシには、看護実践の仕方を語り合いこれを記述することを目的とした研究であること、及び参加者の条件として、看護師としての臨床経験が10年前後あり、インタビュー時点において直に患者の援助に携わっていることを記した。募集に応じた看護師は6名（A、B、C、D、E、Fさん）であり、いずれも女性だった。中には、数年間別の病院で臨床経験をしたり、修士課程や研修期間を経て臨床に戻ってきた者もいた。また彼らは、数年から十数年にわたって同じ病院で働いているため、ほとんどの参加者は、他の参加者とある期間、同じ病棟で働いた経験があった。

インタビュアーの役割は私が担ったが、私にも看護実践の経験があったため、参加者の語りに促されて、自分の経験を挟み込みながら質問を投げかけることもあった。他方で、看護を経験した者同士が無自覚のうちに共有してしまっていることの言語化も目論んでいたため、経験者であるがゆえにわかってしまいがちなことについても、できるだけ具体的に語ってもらうように問いかけた。その問いは、自分自身に対しても投げかけていた。

2　経験した事例を語り継ぐ

前述したグループ・インタビュー導入部へ戻ろう。Aさんは、研究参加への動機に続けて、自分が受け持った患者やその家族とのかかわりの具体例（事例）を話し始めた。まずその語りを見てみたい。

(1) 事例に垣間見える苦しみへの応答

Aさんが語り始めた患者は間質性肺炎の末期状態にあり、家族に最期を見守られていた。患者は既に、今にも呼吸が止まりそうな状態にあり、苦しそうな表情や状態を見ていられない家族は何度もナースコールで、「苦しそうなんですけれども」と看護師に訴えかけていた。しかし、「その苦しそうなのはどうにも看護の力では取ることができない」「先生も麻薬を使ったらもう呼吸がとまっちゃうから麻薬は使わないと言い」「看取ることしかできない」状態だった。それに対してAさんは、家族に「呼ばれても何もすることもできなくって、からだの位置を直したりとか、吸引をするくらいしかできなかったんだけれども、それでよかったのかなって思って」と語る。

患者は間もなく息を引きとった。既に自分の勤務は終わっていたが、退院の見送りに顔を出すと、家族はAさんを見て「看護師さん、ありがとう」とお礼を述べた。この家族の言葉がAさんに、次の問いを投げかけたのだ。

Ａ　その時に私は何もしてないのに、その時私じゃなくってもきっとその家族にとってはよかったんだろうけど。自分の存在って何なんだったのかなってすごく考えたのが、もうちょっと半年ぐらい前になっちゃうんですけど、そういう事例っていうか、そういう経験があって。自分のあり方っていうのか、看護するって何なのかなってすごく考えた一件でした。うん。（逐語記録 p.2）

ここでのＡさんの語りを簡潔にまとめると、「何もしてない」と思われる自分のかかわりに対して家族がお礼を述べたことを機に、「自分のあり方」「看護するって何なのか」を「すごく考えた」事例、と記述できるかもしれない。しかし、この語りを丁寧に見ると、簡潔なまとめには収まりきらない経験が見て取れる。例えばここでは、患者の「苦しそうなのはもうどうにも看護の力では取ることができない」「呼ばれても何もすることもできなくって」と語られながらも、Ａさんはその時、「からだの位置を直したりとか、吸引」を試みており、その「くらいしかできなかったんだけれども、それでよかったのかな」ともつけ加えている。にもかかわらず、その直後に再び「その時に私は何もしてないのに」と繰り返し、自身の存在や看護を問い直すのだ。これらの一見矛盾した語りは、このような具体的な事例を通してこそ伝えられる、明示的に語り難い経験を内包しているのではないだろうか。

ここでまず注目したいのは、患者の苦しみ、そしてそれを見ていられない家族のコールの語りに続いて、「できない」という行為を示す言葉が語られた点である。このことから、患者の苦しみやそれに苦悩する家族の振る舞い自体がAさんに、ある種の行為、つまりその苦しみに応じようとする志向性を始動させていると思われる。言い換えると、苦しみをそれとして見て取ること（視覚）自体が、それに応じようとする行為的な感覚を内包しているのである（Merleau-Ponty, 1974/1945, p.222; 西村 2008, p.186）。この志向性に促されてAさんは、患者の苦しみを取り除くことはできなくても「からだの位置を直したりとか、吸引」することを試みる。そして、それしかできないが「それでよかった」、と述べるのだ。

また同じ点だが、この家族の訴えや患者の苦しみに続く「できない」という表現が、行為の不可能性を示していることにも注目したい。このことからAさんは、その苦しみの内に、それへのかかわり方やそれに応じることの（不）可能性までをも先取りして見て取っていることがわかる（西村 2007, pp.136-138）。そうであれば、ここでは苦しみとともに、それを取り除く手段（行為）が見えないことが経験されているのだろう。いや、それは単に見えないのではなく、少しでも楽になるかもしれないと思って応じているにもかかわらず、苦しみ続ける患者の状態が先取りして見えてきてしまう。つまり、苦しみへの応答（行為）の結果、それを取り除けないことが見えてしまうのだ。こうした経験は、苦しみに応じようとするAさんに「できない」苦しみを経験させているのかもしれない。

苦しみに促されて患者のもとへ足を運び、苦しみは取り除けないができる限りのことをする、こうした受動性と能動性を孕む両義的な実践として看護は営まれており、そこに手応えも感じられる。が、この実践の仕方、その特徴は、それとして自覚されているわけではない。Aさんは、このような自覚せずに達成している自分の看護を、家族の言葉に触発されて問い直し始めたのである。

これまでの記述を通して、事例の中で語られた「すごく考えた」ことの一端が確認されたと思われる。自覚しないままに志向される苦しみへの応答、それは確かに経験されてはいるが、説明したり言語化したりすることは難しい。ここではそれが、「何もしていない」けれども「それでよかった」と思われる経験として、具体例の語りを通して表現されていた。

(2) ただ一緒に立っている

Aさんの事例の語りに対して、私が「よくよく考え直してみると何もしてないわけでもないし、かといって何か特別なことをしているわけでもないと思うんだけど」と言葉を挟み、実際に何をしているのかを問うてみると、これに応じるようにAさんは、「やっぱり亡くなるとき」と添えて、先の事例ではなく、インタビューの前日の夜勤で経験した患者をめぐる出来事を語り始めた。

その患者は90歳代の女性であり、肺がんの末期状態にあった。彼女は、次第に顔色が悪くなり呼吸も乱れ、家族がそれを泣きながら見守っていた。その傍らでは、何もできずにいる新卒（就職一年目の看護師）がただ一緒に立っていた。その様子をAさんは、次のように見ていた。

A やっぱり身内が亡くなる場面ってすごい見ていられないのプラス、やっぱり怖かったんだろうなと思うんですよ。（略）本当に看取るだけだったんで、ナースも何にも触らなかったんですけど。（略）やっぱり亡くなる人を目の当たりにしているその怖さっていうか、そのときにきっとたとえ新卒さんでも、そばに同じ部屋にいてくれれば、それが安心っていうか、なんか大きい存在なのかなってちょっと、昨日そんなことを思ったんですけど。その子も何をするわけでもなく、ただ一緒に立ってただけなんですけど。それはそれで私たちはすぐさっと帰ったんですけど。でもそういうことだったのかなと思って。やっぱりわからないから、何がどういうふうに人って死んでいくのかっていうのがやっぱりわからないし、その時にやっぱりそばに誰かいて欲しいっていうか、そういうことだったのかなって……。（p.3）

続いて語られたこの事例も看取りの場面であり、患者はすでに何もできない末期状態にあった。そして、「その子も」「やっぱり」、患者とその家族の傍らで「何をするわけでもなく、ただ一緒に立ってた」。この語りから、Aさんが、先の事例の中の自分と新卒が同様の経験をしていたことを見て取っていたことがわかる。それはいかなる経験であったのだろうか。

ここでは、「私たちはすぐさっと帰った」という語りに注目したい。この言葉は、「何をするわけでもなく、ただ一緒に立ってた」新卒を残したまま帰ったこと、つまり、先輩であるＡさんたちが勤務を終えて先に帰ってもなお、新卒は患者やその家族の傍らに立ち続けていたという事実を浮かび上がらせている。言い換えると、亡くなる患者を家族と一緒に看取るその状況が、新卒をその場に引き留めており、Ａさんにはこの志向性が見えていたからこそ敢えて新卒を残して先に帰ったのだ。状況への応答としての一緒に立っていること、これはさり気なく経験の間に挟み込まれ、苦悩する他者の傍にいる者の応答性への応答、つまり、それへの理解として語られたと言っていいだろう。

このようにＡさんは、事例の中で起こっていたことを、自分と新卒とを対比させて分析したり説明したりして示そうとするのではなく、自らが経験していたときには自覚していなかった志向性を他者の振る舞いのうちに見て取り、それに触発されて、一緒にいた家族の気持ち、つまり看護師の応答を生み出す「亡くなる人を目の当たりにしているその怖さ」「やっぱりそばに誰かいて欲しい」という家族の気持ちに気づくのだ。その気づきが、家族のお礼の意味、つまりＡさんの存在や看護をすることの意味を更新させ、「そういうことだったのか」とＡさんを納得させた。

ここでもう一つ注目したいのは、Ａさんが「すごく考えた」と語った「自分のあり方」に一つの理解を与えたのが、新卒という他者の振る舞いであったという点である。自覚し難い自らの志向的経験は、他者の身体性、つまり他者のある状況への応答としての志向性に触れることによって気づかされもするのだ。

（3） いつもと変わらないケア

このAさんの「今の話」に触発されて、「それとは別に」自分が経験した「最近、亡くなっちゃった患者さん」のことを語り始めたのはCさんだった。その患者さんは骨髄移植後に呼吸器合併症を発症したため、呼吸器をつけて管理をしていたが、回復しないままに亡くなった。

C　コミュニケーションが取れないいし、器械につながれている状態のところで家族の人がついてるんですけど。（略）話しかけてあげようと思っても話しかけられないいし、手を出そうと思っても器械があって怖いしっていう状態で。そういう状況の中で、でも何かそばにいなきゃいけないっていうか、いてあげたいんだけど、何をしてなきゃいけないかわからないその家族を見たときに、やっぱり何か手の出し方とか、「器械につながれちゃって返事はしないけど声は聞こえてるんだよ。だから声をかけてあげてね」とか、そういうこと言ってあげたらすごくほっとされたみたいで。そばに行って手を握って、応えはないけど話しかけてっていうことをやって。で、その最期亡くなった時に（略）、「あの時にそういうことを言ってくれたからよかった。ありがとう」って、そのお母さんから言われて。とにかく何かわからない状況のところで、私はそれに対して何をしてあげたっていうふうに思ってなかったんだけど、何て言うんだろうな、わからない状況の中で少しでも支えになってくれる人っていうか、（略）何となくいてくれるだけで何か心が安心っていうか、そういう

存在を求めてたのかなっていうふうに思いました。(p.4)

この事例でCさんが語り始めたのは、家族の状態だった。呼吸器を着けて、話をすることもできない状態にある患者の傍らに付き添う家族。Cさんには、その家族が「そういう状況の中で、でも何かそばにいなきゃいけないっていうか、いてあげたいんだけど、何をしてなきゃいけないかわからない」ように見えていた。そして、そのような「家族を見たときに」という言葉に続く語りが、「やっぱり何か手の出し方とか……そういうこと言ってあげた」であったことから、家族の状況がこのように見えること自体が既に、Cさんを何らかのかかわりへと促す経験であったと言える。

ここで語られた内容は、先のAさんの事例と同類であるが、ここでもCさんはそのことを説明してはいない。看取りの時に家族に感謝されたが、自分は何をしたとも思っていなかった。それゆえ、その感謝の言葉に背を押されるように自分の存在の意味を考え始めたという語りは、Aさんの経験をなぞったものである。Aさんと異なっているのは、「とにかく何かわからない状況のところで、私はそれに対して何をしてあげたっていうふうに思ってなかった」と語りながらも、自ら患者の家族に言葉をかけたその内容がまず語られ、それが「いてくれるだけで何か心が安心っていうか、そういう存在を求めてたのかな」という意味に結実している点である。この彼らの傍らに身を置く看護師の存在、そこで為されていたことへの問いは、Aさんの事例においても問われていた。だからこそここでCさんは、自分が何をしていたのかを主題化して語ったのであり、この語りは家族と一緒にいることが、「そばに誰かいて欲しい」という家族の気持ちに応じたかかわりであったというAさんの語りを肯定したものになっていた。

同時にそれは、Cさんにとって自らが実践したことの理解の更新にもなっていたと言えるだろう。語りを通した自らの実践の理解の組み換えは、同時に他者への応答にもなり、他者の理解を肯定することにもなるのである。

このCさんの語りにAさんが応答する。

> A　家族の人が、もう反応がなくなりかけている患者さんをもうその人自身じゃないっていうふうに見てる時に、看護師が入ってきて、いつもと変わらない、日常と変わらないような声かけとか、あとケアしているのを見て、その人自身はまだここにいるんだよっていうことを家族が感じるのかなっていう気はしますけど。（略）たとえば返事がなくても「お熱測りましょうね」とか「血圧測りましょうね」とか、あといつもと変わらない対応をしてくれる看護師を見て安心するっていうか、そういうのもあるのかなっていう気はしますけど。（pp.4-5）

先にAさんは、新卒の看取りの振る舞いを見て、「そばに同じ部屋にいてくれ」る、その存在の大きさを納得したように語った。この、患者の状態やある状況への応答の現われである「そばにいる」ことがここでは、「いつもと変わらない、日常と変わらないような声かけ」「ケア」「対応」と意味づけ直される。何もしていない、そばにいるだけという実践は、それに重ねるように語られる他者の経験に触れることを通して、Aさんが当たり前のように行っていた「日常と変わらない」ケアとして見出された。特別なことは何もしてないが、返事をすることができなくなった患者にであっても、それまで通り言葉をかけながら熱や血圧を測っている。当たり前のように、そうして（応じて）しまうのである。その実践が、すでに応答できない状態にある患者をこれまでと変わらないその人であることを示しており、それが家族を安心させることになっているのかもしれない。Aさんにとって自分の日常実践を再発見することとは、このように、家族の視点から自分の振る舞いを見ることでもあった。「語る主体は単に他人のために表現するだけではなく、自分の思考しているものをみずから知るためにも表現するのである」（Merleau-Ponty, 1969/1960, p.142）。

（4）その一言、その動作ひとつ

Aさんのこの経験に続いて発言したのはEさんだった。Cさんと同様にEさんも、自分がかかわった「別の人（患者）」との経験を語り始めた。

E　何か別の、心臓で入ったんだけど。（略）その時に、もう本当にいつ呼吸が止まってもおかしくないような状態だったんですけど、一応行って、見直して、（略）一応「今は酸素の値も落ち着いているし、血圧もちょっと低いけどこの値でずっと安定しているから大丈夫だからね」って言って。やっぱりその言葉とか「ああ、そうですか」って言って、出て行った直後にもし（酸素の値が）下がってると「看護師さん」って感じだったんですけど。でも、やっぱりその一言とか（略）。でもその「大丈夫だよ」っていうのプラス、「やっぱり本当に悪くなった時はもうオシッコも出ないし、これだけ体もむくんでて、決して今はいい状態じゃないし、今はいつ何があってもおかしくないし」って言って、その現状はやっぱり言っていかないといけないのかなっていうか。そういうことでパニックになっちゃうかもしれないけど、でもそこを受け止めていかないと家族もその患者さんの死っていうのを受け止められないのかなっていうか。その言葉ってすごい大きいんだなっていうのは思いました。（p.5）

この話に続けてEさんは、その患者の部屋に何かの用事でやって来た若い看護師の、「家族が心配して……言ってきたこと」に対する「「そうですね」と言ってさらっと出て」行ってしまった応対を見て、「ああっ」て思った、「こういう家族に、……こんな言い方でいいのかな」「少し何かしたことできっと気持ちも変わったのかな」と思ったと語る。だから家族が、「その一言とか、その動作ひとつとかっていうのに、すごいどういうふうに思うのか」「どういうふうに私たちを見てるのかなっていうのはすごい知りたい部分」であると、新たな関心と問いを持ち始めたことを加える。

ここで再び繰り返されるのは、「別の人」に関する語りである。Ｅさんも、Ｃさんと同様、敢えて「別」と断り、その例もやはり看取りの時の、家族が命を絶やしつつある患者の状態を心配して看護師を呼び続けるという状況である。しかしＥさんが語ったのは、何もしないことではなく、家族への「大丈夫」という言葉かけと、それに加えて命の厳しい状況であることを「言っていかないといけない」ことであった。これまでの文脈から、日常的に行っている患者の状態の確認やその説明、家族へのちょっとした言葉かけ、家族が患者にかかわれるように促すこと等々は、特別なこととはされてなかった。しかし、家族にとっては「すごく大きい」ことかもしれない。そのことが、この場において語られつつ再発見されたのだ。

これと対比して語られたのは、一言応じてさらっとその場を去った若い看護師の振る舞いである。Ｅさんはその対応を見て「こんな言い方でいいのかな」と思ったと言い、同時に「少し何かしたことできっと気持ちも変わったのかな」と「ちょっと思った」と言う。この語りは、日常的なケアは決して「さらっと」対応することではなく、患者の苦しみや家族の動揺への応答として、その状況に留まって関与しようとする志向性を宿したものであることを浮かび上がらせている。つまりＥさんは、若い看護師の対応を疑問視することで、これまでの２人の語りを肯定しつつ、それを自らの経験に組み込んで語り直していたのである。

これらを介してＥさんがたどり着いたのは、「その一言とか、その動作ひとつとかっていうのに、すごいどういうふうに思うのか」、家族が「どういうふうに私たちを見てるのか」を知りたいという関心である。ちょっとした一言、言うべきことは、家族に様々な意味をもって理解される可能性がある。このように、自分たちの振る舞いを問い直すことは、同時に、それがいかに見られているのか、という〝他者の視線〟をも含みもつものとなるのである。このことを、インタビューの開始時において皆で語り継ぎつつ確認してきた。

3　看護実践はいかに語られるのか?

(1) 事例を物語ること/語り継ぐこと

看護実践は、複数の看護師によっていかに語られるのか。同時にその語りにおいて、何が行われているのか。本章で注目したのは、研究への参加動機を問うた際にそれに応じるのみでなく、参加者の一人であるAさんが自分の経験した事例とそこで浮かび上がった問いを語り、それに触発されるように他の参加者たちも、自分の事例にその問いを織り込みつつ語り継いでいったことである。その事例の語りでは、患者の苦しみや家族の苦悩などへの応答が、それとして自覚されるのに先立って始動しており、その応答に押されるように行った患者のからだの位置を直したり吸引をすること、それが一方で何もできていないと言われながらも、他方で「それでよかった」という手応えとして意味づけられていた。その手応えは、身内が亡くなる場面を見ている家族の気持ち（怖さ）に引き留められて一緒にその場にいること、あるいは呼吸器を着けた患者に家族が接したり話しかけたりできるように言葉をかけること、さらには若い看護師のさらっとした対応への違和感として、別の参加者たちの経験の語りに、それとして説明されないままに引き継がれていた。またこの引き継ぎは、前の事例への理解をも示していた。[3] そしてその語りにおいては、Aさんの問い、つまり一見何もせずに一緒にいる看護師の存在やそうした実践が何をすることなのかが捉え直され、看護実践の意味が更新されていったのである。

この、経験を語り継ぎつつ、実践の意味が更新される場において、同時に行われていたことがある。グループ・インタビューにおける語りでは、他者の応答という志向性がそれとして説明されないままに語り継がれていたことを見てきた。メルロ＝ポンティの言葉を借りると、この語り継ぎは、「他者と私とのあいだに共通の地盤が構成」（1974/1945, p.219）される「対話の経験」でもある。ここで述べられている「構成」は、グループ・インタビューにおいて、語り手自身も自覚的でないままに経験の語り方に内包される。つまり「共通の地盤」は、その語りの外側に作られるものではなく、先に語られたその物語に重ねるように自らの経験を語る、そこに透かし見える患者やその家族の苦しむ状態への応答、その志向的経験の語り継ぎとして構成されているのである。語ることそのものとして「構成」が起こる、その動的な営みの内に「共通の地盤」が編み込まれていくのである。事例の語り継ぎは、この「共通の地盤」を語る（構成する）実践としても位置づけることができるであろう。

次いで注目したいのは、志向的経験が日常的な看護実践として再発見された点である。「何もしていない」「ただ一緒に立ってた」実践は、「何をしてあげたとも思っていなかった」けれども、A家族が患者の手をとったり話しかけられるように言葉をかけていたことが語られたのを機に、Aさんによって「いつもと変わらない」「日常と変わらない声かけ」「ケア」「対応」として再分節化された。「何もできない」「何もしていない」「ただ一緒にいる」と思っていたことは、看護師たちがいつも既に行っていた実践であった。がしかし、それが主題化され、患者の家族にとってある意味をもったこととして語り直されると、「その言葉の意味はすごく大きい」こととして理解される。[4] だからこそ自分の「一言」や「動作のひとつ」が他者にいかに見て取られているのかに関心が向くのである。Aさんが最初の事例で語った、「そのくらいしかできなかったんだけれど、それでよかったのかな」という手応えを感じさせる日常のケアは、こうした事例の語り継ぎを通して新たな分節化を生み出し（菅原 2000）、それに新たな重みづけがなされ、それとともに自覚されるのだ。そしてそれは、新たな問いを生み出しもする。

（2）語りの理解の構造

「質的研究はどのように対象を理解するのか？」この問いに触発されて看護実践の語りを捉え直す作業に取りかかったが、そもそも本章において「理解する」という作業は、「誰」がどのように行っていたのだろうか？

インタビューで最初に問いかけたのは、他でもない、インタビュアーの私だ。それ故、その問いから始まる語りには、私の関心も含まれている。そしてそうであれば、理解しようとしている事象は、看護師たちと私とが協働して生み出した語りである。それを、私が理解しようとしたのが本章の試みであった。

ところが、参加者たちの事例の語りを伴走していくと、彼らは明示的に説明しないまま、他者の語りに自分の経験を重ねて志向的経験を語り継ぎ、その語りのうちで自らの経験や問いに気づきつつそれを理解し、その理解を更新していた。私は、この看護師たちの語りが示してくれる、他者の経験に理解を示しつつ、同時に自らの経験をも再発見する仕方をなぞり、彼らの語りを理解していた。Aさんが「いつもと変わらないケア」の重みに気づいた、その発見に出会ったときに、私もそれに気がついたのである。私のその理解は、AさんやCさんが家族のお礼の意味を自らの存在や看護を問うことを通して知ろうとする、その試みを通して家族や患者の状況への応答としての「いつもと変わらないケア」を再発見し、家族（他者）の看護実践の見え方へ関心を向けていくという構造を写し取っているようであった。つまり、語りを理解しようとする試みにおいて私は、つねに自分自身の見方を語りに問い直されつつ、語りに内包されている理解の構造を発見するとともにその理解が更新され、私の見方も変わっていくことを経験していた。この他者を問うことが自己を問うことにもなる再帰性、そして、自己を変化させつつ他者の理解を更新するという不断の捉え直しを、グループ・インタビューの語りとそれを理解しようとする試みは孕んでいたのである。Aさんが経験したことの理解を、Cさん、Eさんが自らの経験を語ることによって示す、それが同時に、自らの経験の理解となっていたその構造は、彼らの語りを理解しようとした私の「理解の構造」でもあったのだ。

最初の問いに戻ろう。ここでの語りを理解するのは「誰」なのか？　それは確かに、「私」の試みであり目的であったが、その理解は、看護師たちの語りのうちで為されていた理解の仕方に導かれていた。だから、ここでの「誰」は、語り手である看護師たちでもあり私でもある。このように、理解の主体を一人に限定できないことが、理解そのものを成り立たせていたのかもしれない。この理解の成り立ちは、質的研究における「理解」の構造を示しても、対象の十全な理解は保証していない。理解は、不断の捉え直しそのものとして生起しているのだから。

注

［1］このグループ・インタビューは、平成16〜17年度科学研究費補助金（若手研究）の助成を受けた研究において行われた。

［2］看護実践の言語化の難しさについては、暗黙知という概念を用いて議論されることが多い。例えば、阿保（2004）や田中（2009）を参照。

［3］同じ時系列の形式を共有している最初の物語に続く物語について、前田（2009）はハーヴェイ・サックス（Harvey Sacks）を引用して、最初の物語への理解（や共感）を示しつつ、自らの物語を

正当化していくことのできる「第二の物語」であると述べる（pp.55-56)。

［4］「ちょっとしたこと」の重要性は、ワインバーグ（Weinberg, 2007/2006, pp.53-54）による社会学的な調査によっても見出されている。

付　記

長期にわたって本研究にご協力いただいた看護師の皆さま、さらに参加者の募集にご協力いただきました病院の看護部の皆さまに、心より感謝いたします。

4章　語りによる体験の共約可能性

森　直久

はじめに

我々は日々様々な人と出会い、様々な環境に触れる。そして色々な思い、感情を惹起させる。これが体験である。我々の生が続いている限り、体験は次から次へと積み重ねられて行く。過去の体験を振り返ることがある。あんなことがあった、こんなこともあった。これはなかったか。こんな風に感じていたな。今思えば貴重な出会いだった。過去の体験を指示し、語ることを想起と言う。語られたこと、あるいは語りの背後に想定されるものを記憶と呼ぶ。

別個の身体によって、固有の履歴の延長上で、特定の立ち位置から人や環境と出会うという体験は、体験者当人に起こるものであり、他人がそれを共有することは難しいと考えられている。そこで我々は、しばしば想起を通じて、体験を共有しようとする。同窓会で、県人会・同郷会で、震災被害者の会で。あるいは自らの体験を他者に提示したり、逆に体験を語るよう他者に乞うことがある。被災者が修学旅行生に震災体験を聞かせ、命の尊さを伝えようとしたり、後輩が成功体験を先輩に尋ねたり、子育て経験が母から娘に伝承されたり。当たり前のように行なわれる想起の場において、ある人の体験を他者は共有できるのであろうか。そもそも語っている体験は本当の体験なのか。作り話ではないのか。ある人の体験へと他者は（研究者もこの中に含まれる）いかに到達し得るのか。本章は、この問題、体験の共約可能性について論じてみたい。

著者の研究上のキャリアは、記憶の実験（心理学的研究から始まった。その過程で日常（生態学的）記憶研究と社会構成主義と出会い、実験室の社会的性格、想起の社会－文化的性格などに気づいた。そして供述の信用性鑑定に関与することで、想起に個の体験を取り戻す必要を認識した。以下で論じられる体験の共約可能性の問題は、このキャリア変遷と深くかかわっている。本章執筆は著者の自伝構成でもある。

1　記憶の実験室実験研究

体験は記憶の形で我々のどこかに貯蔵されている。それは他者には、いや時として当人にとっても（しばしば忘却によって）わからないものだ。記憶は元来どこかにあるだろうけれども、共約不能なものとして認識されていた。このやっかいな共約不能なものを、共約可能なものとして扱えるようにすることで近代の記憶研究は始まった。

(1) 実験室記憶研究の前提

エビングハウス (Ebbinghaus, 1987/1885) に始まる記憶研究は、私秘的であるがゆえに共約不能な記憶を、公共的で共約可能なものとして扱えるようにする実験手続き上の工夫の歴史でもある。ここでは記憶の共約可能性に関連が深いと思われる3つの特徴を挙げて、考察しよう。すなわち、特権的存在者、モノローグ想起、体験と想起の外形的同一性である。[1]

(2) 特権的存在者

特権的存在者とは、体験者の体験の内容を管理し、体験内容を後になされる想起の内容と比較対照できる立場にある者を言う (森 1995; Mori, 2009a)。記憶実験においては、実験者である。実験者は記銘すべき材料を用意し、被験者に提示する。被験者は材料を記銘し、後にその想起を要請される。被験者の体験内容は、実験者が保存する記銘リストなど諸媒体に記録されており、実験者はいつでもそれらにアクセスすることができる態勢にある。実験者は想起の正確さを判定することができ、その権能は体験の主である被験者より上である。実験者が所有する「正解」(諸媒体に記録された記銘材料) と齟齬を来した場合、体験の主であるはずの被験者は特権的存在者の実験者によって、記憶の誤りを宣告される。また実験者は独立変数を操作することができ、被験者がどのような条件で記銘および想起したかをも知り得る存在である。このような「神様」的な役割を設定することで、記憶実験は諸条件下における想起の正しさや誤りを同定することができ、記憶に関する法則を定立できるようになっている。実験で得られた記憶法則は、「想起者に体験があった（なかった）場合」（体験の管理）「このような条件下で」（条件の特定）「想起はこのようである（可能性が高い、低い）」（想起の有り様）という複合命題の項目すべてが、想起の判定者にとって可視的であることを前提に成立している。

日常生活において、特権的存在者が不在であることは明らかだ。かつて「遠山の金さん」という極めて例外的な人物がいたが、現代の我々の周りで桜吹雪が舞うことはない。人々はそれぞれ想起を行なっているが、これが過去に源泉を持つ真正なる想起であるのか、作り話や勘違いであるのかを見分けることは難しい。記憶法則によって判定しようにも、実験手続きの時間順序を遡行して、想起の有り様から体験の有無を知ろうとすることは、論理的に危うい営みである。「AならばB」が真だとしても、「Bである」ゆえに「Aである」とはならない。「体験があれば具体的に、詳細に語ることができる」としても、「具体的で詳細な想起がなされている」ことは「体験がある」ことを導出しない。たとえば二次情報によって、詳細な語りが可能になっているのかも知れない。これは裁判実務で指摘される（しかしすべての法律家が遵守しているとは言い難い）注意則である（渡辺 1992）。

(3) モノローグ想起

実験室実験において被験者は、完全な独白を許されている。あるいは強要されている。想起開始と終了の教示こそ与えられるが、聞き手としての実験者が顔を出すのはここだけで、残りの部分では話者交代もなく、被験者が独白で想起を遂行する（しなければならない）。実験者は余計な影響を与えない、透明な存在であり続ける。これらは剰余変数を統制し、ピュアな条件下で想起の真の姿をとらえようとする工夫である。実験室研究で明らかにされている想起に関する知見は、このような理想状況下で得られたものである。

日常で我々が想起を行なうとき1人で回想に浸ることもあるが、それほど多くはない。大抵は誰かとの間で聞き手、話し手という役割を割り振り、話者交代を繰り返しつつなされる会話を媒介にして想起を行なっている。聞き手の役割にあっても受動的に耳を傾けるだけでなく、想起の方向や対象を指定したり（「そう言えば、こういうこともあったんじゃね?」とか）、しばしば想起に評価を下したり（「それはあり得ねぇだろ」とか）する。実験室研究から見れば、日常は剰余変数が充溢する場であり、そこでなされている想起は「汚染」されたものなのだろう。しかし我々は、汚染された想起に対して判断を下さねばならないことがほとんどだ。話者交代による発話連鎖、聞き手による方向づけと評価に溢れた日常想起に対して、理想状況で定立された記憶法則は無力である。

（4）体験と想起の外形的同一性

特権的存在者は、被験者の体験内容と想起内容を比較することができる。しかしこの時正解と不正解が容易に区別されねばならない。すなわち被験者が何を憶えていて、何を忘れたかが、実験者によって確認できなければならない。そのため被験者に与えられる体験は単位化（断片化）されている必要がある。そのような体験はその境界が明確で、その表現の多様性が極力抑えられている。たとえば単語リストを用いれば、ある単語が想起に現れたか否かで、想起の正確さを容易に評定することができる。映像材料が用いられることもあるが、このときも想起の対象となるターゲット事象は地となる背景映像と容易に弁別可能になるよう、工夫が施されている。そして比較されるこれらの内容は、外形的同一性によって真偽が判定されるようになっていなければならない。「りんご」という単語は「り」「ん」「ご」という音あるいは文字の集合として想起されねばならない。「青森県特産の果物」では不正解である（あるいは記憶の変容とみなされる）。映像を提示する場合も「緑の自動車が通り過ぎた」「中年男性が赤信号で横断した」のような、表現形式に多様性が生じない事象の外形がターゲットとして選定されている。決して運転者の注意や、歩行者の動機がターゲットになることはない。ましてや体験時の被験者の心情など、実験者の眼中にない。仮にそれらを想起したところで、なかったかのように分析対象から排除される。被験者の記憶を実験者との間で共約可能にするためには、外形的同一性に基づいて体験と想起が対照できるようになっている必要があるのだ。しかし出来事の外形は、我々が日頃体験する出来事の一つの（多くの場合些末な）側面でしかない。

特権的存在者、モノローグ想起、体験と想起の外形的同一性は、記憶を他者と共約可能にするために、実験室研究者が設定した前提である。すでに見たように、日常の想起を対象とした場合、これらの前提は全く満たされない。かくして記憶の共約可能性の夢はついえてしまうのだろうか。続いては、記憶・想起に対して、実験室実験と異なる態度を取るアプローチに基づいて、記憶の共約可能性を検討してみよう。

2　社会文化的アプローチ

discursive psychology（たとえば、Edwards & Potter, 1992）、文化－歴史的アプローチ（たとえば、Wertsch, 2002）、社会構成主義（たとえば、Gergen, 1994）を総称して、ここでは社会文化的アプローチと呼ぼう。決して同一ではない立場であるが、記憶・想起に対する接近としては共通しているところが多い。

（1）記憶・想起に対する態度

　社会文化的アプローチが、実験室実験研究の前提に対してどのような態度を取るのかをまず明らかにしよう。特権的存在者を置くことはない。原事象へのアクセス可能性を担保し、体験と想起を対照して、想起の正確さを査定するという関心をそもそも持っていない。体験は誰かによって特権的に知られるものではなく、想起者や聞き手がコミュニケーションを通じた合議によって確定するものである。ゆえにモノローグ想起という前提も排除される。比較対照に関心がないため、体験と想起の外形的同一性を担保する必要もない。「正しい想起」は合議の産物である。体験の外形にせよ、意味にせよ、複数の者によるコミュニケーションのなかで構築されるというのが、社会文化的アプローチが基盤とする想起の有り様である。実験室実験研究と異なり、我々の日常の想起こそが研究対象になることがわかるだろう。

　このアプローチでは、原事象へのアクセス不可能性が前提である。記憶の共約可能性の夢は、またしてもはかなく消え去るしかないのだろうか。そうではない。原事象へのアクセス不可能性が共約可能性の支障になるように思われるのは、体験者のみが唯一原事象への接近を特権的に許されているという信念があるからである。体験者は、自らの想起の正当性をいかにして達成するのだろうか。「私がその記憶を持っているから」という主張は無効だ。その記憶の正しさは何によって保証されるのかと問われるからだ。このように考えてくると、記憶痕跡のような私秘的な基準によって、想起の正当性を担保することはできないことがわかるだろう。原事象へのアクセス不可能性は、すべての人に平等な条件なのである。

（2）想起と記憶の本源的公共性

誰も特権的な位置にいないなら、記憶は私秘的ではなく公共的な存在であらざるを得ない。体験者と称する人物も含めた当事者たちが、コミュニケーションのなかで達成するのが想起という活動であり、想起によって構築されるのが記憶である。したがって想起も記憶も本源的に公共的性格を有している。ガーゲン（Gergen, 1994）によれば、想起とは記憶活動をする（do memory）ことであり、それは文化的実践でもある。記憶を語る言葉は、話し手と受け手が相互的に意味を承認し合う動的プロセスのなかで意味を持つ。記憶に関する説明が有意味になるのは、使用を通して意味が獲得されるからである。このガーゲンの立場は、ヴィトゲンシュタイン派が唱える「言語ゲーム」の考えとよく似ている。実際ガーゲンに近い想起論を、ヴィトゲンシュタインに影響を受けた論者たちが提唱している。大森（1992）によれば、過去の記述は言語による記述である。想起の妥当性は、現在に「自然に」接続しているか否かで閲されるが、このプロセスは他者の評価にさらされた社会的プロセスである。したがって「過去とは社会的に合作された言語的制作物」（p.119）なのだ。社会構成主義的想起論を展開したショッター（Shoer, 1990）や、ヴィトゲンシュタインに感化されたエスノメソドロジストであるクルター（Coulter, 1979）も、想起をその時々の対人・社会状況に即した説明実践（accounting practice）ととらえている。局所的な相互行為のなかで想起が社会的行為として達成される様を描き出そうとする西阪（1998, 2001）も、彼らと同様の立場で、想起と記憶の公共性をうたっている。

（3）体験の正当性

想起が共同的であり、記憶が公共的であるならば、体験の正当性はどのようにして担保されるのだろうか。実験室実験研究は特権的存在者を配置したが、社会文化的アプローチではどうだろうか。彼らにとって体験は、合意された過去の出来事である。対人コミュニケーションで認定された限りにおいて、過去の出来事の構築は正当とされる。このように言うと、過去の構築は任意ではないかとの疑問が呈せられよう。これに対しては、大森（1992）の主張が解答となるだろう。彼は想起の恣意性論に異議を唱え、真なる想起、真なる過去があると言う。想起の真偽を決定するのは、我々が依拠している社会的慣習や信念のネットワークである。「自然法則や人間の自然な心情や行動に適合しない不自然な過去は、『ありうべからざる』として拒否される」そして「如何に自然に如何にスムースに現在に接続しているかがためされる」（大森 1992, pp.117-118）。想起の真偽の確定においては、様々な証拠が提出されよう。物証は特に有力な証拠であるが、それとても社会的ネットワークによる正当化を必要とする。折れ曲がった木々は、それらに何らかの圧力がかかったことを明示するが、その力が人為によるものか、積雪によるものか、強風によるものかは、木々を見るだけでは判然としない。気候、地形、そして人為によると思うのであれば意図や目的等を推測、勘案して、そこで過去に何が起こったかが特定されるであろう。社会的慣習や信念の網の目による、このような真偽判別プロセスを、大森（1992）は「過去命題の自然選択」（p.119）と呼んだ。

エドワーズとポッター（Edwards & Potter, 1992）は、政治家の辞任声明や自然科学者の発見談話などを概観し、真なる想起の構築に寄与する語りの技法の主なものを特定している。これらの技法が反復して利用されるのは、そのような語り方が真なる想起を担保するものとして、人々に認識されているからであろう。カテゴリーラベル添付（category entitlement）、鮮明な記述（vivid description）、物語化（narrative）、実証的叙述（empirical accounting）、コンセンサスと確証（consensus and corroboration）、リストと対照（lists and contrasts）などの技法を駆使して語られる出来事は、行為者の関与を超えた「外界」の諸特徴を表現することで、事実らしさをまとうのだという。

（4）体験への不問

社会文化的アプローチによる記憶と想起の正当性をめぐる論考は、体験者の特権性という我々の日常的信念に反している。私の体験の帰属先は「この私」であるはずではないか、私にしか語れない体験があるではないかと、反論したくなるだろう。昨日一人で食べた晩ご飯を憶えているのは「この私」でしかあり得ない。それ以外の人に夕食のメニューや独りご飯のわびしさを語れる者がいようか。しかしこれらの主張が正当化されるには、大森（1992）が言うように社会的慣習や信念の網の目に位置づけられることが必要である。「私」が体験の帰属先であるためには、まず「私」以外に帰属先が想定できないとの主張が妥当だと認められることが必要である。そして次に「私」への体験の帰属が正当化され、初めてある体験は「私」に帰属し、「私」が体験者だと認定されるのだ。このプロセスは徹頭徹尾、社会的慣習と信念の網の目を通じた、社会的な正当化である。

それでは同程度に正当だと認定された語りがあった場合、複数の「事実」が存在することになるのであろうか。社会文化的アプローチからすれば、そうだと言わねばなるまい。体験の帰属先が複数構築され、出来事の中身が何種類も構築され、複数の「体験者」が帰属先は自分であると主張しても、自分の語ることが「事実」だと抗弁しても、解決法はない。社会的慣習と信念の網の目への位置づけと、それを遂行する対人的なコミュニケーションを越えたところに、個人の体験を求めることはできない。ここで私秘的な過去を導入すれば、実験室研究が暗に想定していた、誰とも共約可能でないが存在するはずだとしか言えない貯蔵記憶観への退行である。個人の体験という素朴な我々の感覚は、放棄すべき誤認識なのか。共約不能な、まさに信念として強弁するしかない私秘的な痕跡に執着するか、共約可能であるが、複数の「体験者」と複数の「事実」の可能性を受け入れるか。

3　心理学者、裁判と出会う

このどちらをも採ることのできない位置に、かつて我々は置かれた。裁判における供述の信用性鑑定においてである。信用性鑑定とは、自白や目撃証言が当人の体験に基づいてなされているか否かの評価である。供述者はしばしば「自分がやった」「自分が見た」と主張している。これらを信じて判決を下せばよいほど、裁判は単純な作業ではない。信用性吟味の作業が必要である。それはどのようにして可能か。実験室研究の成果を披露して説得すればよいだろうか。いや、実験室研究の前提が日常で満たされていないことを裁判官、検察官、弁護人らに指摘され、この供述者にその法則は当てはまらないと判定されてしまうことがある。社会文化的アプローチがしているように、供述構築が妥当であること（あるいは逆に不適当であること）を示したらどうであろうか。その場合、検察側と弁護側の構築する物語が互いに異なり、同程度正当であれば、それ以上心理学者としてできることはなくなる。被告人がいくら無実を主張しても、いくら被害者が泣いて訴えても、何もできることはない。被告人や証人は「事件現場にいた」か「いなかった」か。論理的に両立する命題ではないが、物語として甲乙つけ難ければ、社会文化的アプローチの立場に立つ限りこれ以上進むことはできない。「学問的にはこれが正しい見解なのだ」と主張しても、実務家からは役立たずのレッテルを貼られるだけだろう。そもそも物語としての妥当性（あるいは不適当さ）を主張することは、論告、弁論、判決文などにおいて暗黙裡に法曹三者がしている作業であるから、「役立たず」と言われないにせよ、「プロの法律家のまねごとをする素人」とみなされるのが関の山だろう。我々はある弁護士から「少年探偵団」と呼ばれたことがある（大橋・森・高木・松島 2002）。

日常での想起を扱い、法律家の模倣ではない形で、心理学者として彼らから期待される職責を果たすことは可能なのか。想起と記憶に関する前提をできるだけ入れないようにして、供述者の体験を、法律家のまねごとではない形で共約可能にしなければならない。これが、裁判という現場で、我々心理学者に与えられた課題であった。

（1）スキーマアプローチ

実験室研究や社会文化的アプローチからは、信用性鑑定の有効な方法を得ることができず、いくつかの失敗を繰り返してきた我々の転機となったのが、１９９０年栃木県足利市で起こった、足利事件と呼ばれる幼女誘拐殺人事件であった。被告人のS氏は、DNA再鑑定を主たる理由として、２０１０年再審無罪となった。我々は10年以上前の控訴審の段階で供述鑑定を行なったが、S氏の自白の信用性が疑問視される結果を得ていた（原・高木・松島 1997）。その根拠になったのは、心理学実験の成果でも、自白の構築の不適切さでもなかった。

S氏は公判廷で、実体験の想起を行なう機会を偶然にも得ていた。この場合の実体験とは、名称として特定される程度には、その存在を確実視してよいような出来事である。たとえばS氏は警察による家宅捜索を経験しているが、「家宅捜索」と名指されるレベルでは、この出来事の存在を疑う必要はないだろう。捜索を指示する命令書も、捜索結果を記した報告書も公的に存在するし、事に当たった警察官の証言も期待できるからだ。この実体験の語りが、非常に特徴的であることに我々は気づいた。彼の実体験語りは、複数の動作主（行為の主語）が入れ替わるようになされていた。「私」（S氏）を動作主とする文と彼の行為の反作用としてなされた他者の行為、あるいは環境の変化が交互に指示されていた。「私が○○したら、彼が××したので、私は△△しました」のようにである。これに対して、彼が関与したとされる犯行の語りには、彼を動作主とする文が連続する傾向が強く現れていた。誘拐殺人事件でありながら、被害者の反応が希薄な供述であった（原ら 1997; 大橋ら 2002）。この文体上の差異は、何に帰属されるであろうか。S氏は、被害者の反応を語らないことによって、犯人であることを隠そうとしたのだろうか。しかしS氏は公判廷で一貫して容疑を認めており、検察官が問えば、直ちに事件への関与を認めた。よって隠蔽説は正鵠を射ていない。我々は、この差異はS氏の体験の質に帰属されるものと主張した。犯行語りは実体験語りではない、すなわちS氏は犯行に関与していないとの示唆を行なったのである。想起の中に繰り返し現れる表現形式上のパターン、あるいはそれを生成する動的な構えを我々はスキーマと呼び、これに基づいて体験の有無を判別できるのではないかと考えた。もちろん体験内容の真偽は確かめようがない。しかし語られている出来事に接触した（これを我々は体験性と呼んだ）か否かを判別することはできる。スキーマの発見を通じて体験者の体験性へと到達可能であり、このレベルで体験は共約可能であることが示唆されたのである。

S氏の語りの文体上の差異は、彼の環境への接触の有無を反映しているのではないかと考え、森（Mori, 2008）は次のような実験を行なった。2人の被験者が、別々の大学構内をターゲットを探して歩き回るナビゲーションにまず参加する。1カ月後2人は予期せず招集され、互いの体験を教え合うよう要求される。続いてなされる尋問実験で、両方の大学で実験参加体験があるように振る舞ってもらうためである。尋問者はこのことを知らされない。このようにして被験者は、環境との接触がある実体験と、他人の実体験を聞いただけの伝聞体験という、異質な体験を語ることになる。想起は2週間おきに計3回行なわれた。1人の被験者Yが行なった2つの想起を比較したところ、まず両者に文体上の差異を認めることができた。S氏とは異なる文体であった。これは初期想起のみに見られ、間もなく文体によって2つの想起を区別することはできなくなった。それ以外では、対象の形容、対象の呼称、行為の動機といった点で、両想起間に差異が発見された。概略的に言うと、実体験の想起では、対象の形容や呼称が変動し、語りが安定しないのに対し、伝聞体験の想起では逆に安定した語りがなされていた。尋問者とのコミュニケーションも同様に、安定しない実体験、安定的な伝聞体験という対照が可能であった。実体験の場合には、尋問者の期待から逸脱した回答がなされたり、指示された方法で回答が困難だったり、質問内容にそぐわない回答を返したりと、ぎこちないコミュニケーションが発生していた。伝聞体験はやはり逆で、そのような逸脱、回答困難、不適切な回答はわずかであった。想起コミュニケーション上の差異も、想起の反復によって、次第に類似して行った。両想起コミュニケーションの差異をダンスにたとえるならば、実体験では被験者と尋問者が互いの個性を発揮することで、ぎこちないダンスになっていた。そしてダンスを繰り返すことで、互いが互いの個性を模倣するような形で、ぎこちなさは低減して行った。対して伝聞体験では、２人のリズムは最初から同調し、淀みない踊りが最後まで展開されていた。この実験においても、足利事件のＳ氏鑑定と同様、体験性の判別を語りの形式によって行なうことが可能であると示唆された。さらには、想起の反復によって生じる変化（想起の発達、あるいは微視発生）によっても、判別が可能であることがわかった。このような形式上の差異、形式の変化の差異を鍵として語り手の体験性を評価する方法を、我々はスキーマアプローチと呼んでいる（Mori, 2009a; 大橋ら 2002）。スキーマアプローチは、日常では成立しない実験研究の前提に依拠することなく、個人に帰属される体験を保証している。社会文化的アプローチのように想起の社会性、共同性を許容しながら、しかし彼らが不問にした、個人の体験への接近を可能にしている。

想起は社会的媒体である言語によって遂行される活動である。社会文化的アプローチは、ここに注目し、物語としての適切さを基準に、体験を構築されるものとして特定しようとした。体験への接近を不問にした結果、物語を紡ぎ出す語りは騙りでもあるという両義性を許容せざるを得なくなっている。「本当の体験」という概念があり得ない訳だから、このような結論になる。しかしスキーマアプローチは、この結論を共有しない。スキーマアプローチは、想起を社会的行為であると同時に、身体的行為としてもとらえている。そして後者に、体験性が反映されることを示している。体験性は概念として鋳造された物語の中にあるのではない。文体を含む表現形式、語りの微視発生など、行為のなされるさまとして現れる。それら形式上の特徴は、物語や事実構築に寄与する語りの技法のような意味的に象られた単位としてではなく、語り手の身体の挙動として把握されるべきものである。身体的行為としての語りの特徴の背後に見られるのは静的な記憶痕跡や知識構造ではなく、語り手の動的な構え、世界に対する向かい方である。それは体験時から現在まで続いている、そしてこれからも続いて行く「体験者としての持続」である。

ブルーナー（Bruner, 2007/2002）は「物語り」と「物語」を区別し、両者の混同を厳しく戒めている。「語りは騙りである」という両義性を示す文言は、両者の混同を不可避なものと認める発言のように聞こえる。身体的行為の側面に注目した場合、騙ることは難しいように思える。文体を意図的に使用したら、体験者になりすませるのではないかとの質問がしばしば寄せられるが[2]、人は自らの文体に気づいていない（大橋ら（2002）が示すように体験性の現れ方は個別的なので、他者の文体をまねれば自分の文体になる訳ではない）。ましてや想起の微視発生プロセスや、コミュニケーションのあり方まで自覚している者がいようか。コミュニケーションの有り様に関しては、聞き手との間で実現されるものであるから、他者の挙動をもコントロールできない限り、体験者になりすますことはできない。いや、そもそも体験者であることは体験者としての持続、動的な構えを有することであるから、特定の文体やコミュニケーション様式の外見をまねしたところで、体験者になりすますことはできない。よって体験性の発見においては、「語り」を「騙り」と峻別できる。他者の体験へと到達し、それを共約可能にできるのだ。

4　環境との接触から体験の意味へ

スキーマアプローチは、環境との接触体験の共約可能性を示唆した。しかし環境との接触は、過去体験の限定された側面でしかない。それ以外の領域、例えば体験の意味はどのように扱えるのだろうか。体験の意味にも他者は到達でき、共約可能となるのであろうか。我々にとって、ここは未踏の領域である。今後の指針として理論的考察を加えておこう。

（1）体験の意味への語りの到達

体験の意味もまた、語りを媒介することによって他者あるいは当人に実感されるだろう。体験の真の意味などというものがあるのだろうか。体験の意味が時間、あるいは新たな体験との出会いによって変容することに疑問の余地はないだろう。体験は時間に開いている。「失恋体験」はいつまでも「つらい体験」ではないかも知れない。もっとよい人と出会う時が来れば、つらかった別れも「次の人と出会うためのチャンスであった」ことになろう。しかしこれもまた、次に訪れる別の出来事との邂逅によって変容する、暫定的な意味でしかない。体験の意味の確定は完成に至らない作業である。しかしある期間に限定すれば、体験の意味は安定すると考えられないだろうか。また、体験の真の意味があるという主張には抵抗があるかも知れない。しかし体験をいかようにでも語り得るとは、誰も主張しないだろう。語りの多様性は、ゆるやかに制約されているはずだ。その範囲内で真の意味が存在する。一時であるにせよ安定的な「しっくりくる感覚」が得られたとき、それは語りが真の意味に到達したと考えてもよいのではないか。この感覚は現象学的に把握されるものであるが、行動上では、鍵となる言葉が発見される、把握した感覚について多様な語りが可能となるなどの徴候によって伺い知ることができる。意味もやはり体験者の動的構えの一種である。真の意味への到達とは、どこかに貯蔵された静的な知識ではなく、体験者の動的構えの発見なのだ。

「語りがしっくりくること」だけが到達の証拠であるとは限らない。我々が環境への接触体験の語りを吟味した時、体験に到達している場合にこそ、語りには揺らぎやズレが生じることがわかった（Mori, 2008）。体験の意味においても、真の意味に到達しているからこそ、語りが揺らぐことがあるのではないか。あるいは、逆説的であるが「語れないという形で語っている」こともあるのではないか。冨山（1995）が考察する戦争体験の語りは典型である。わずかな距離の隔りが生み出した自身の生還と戦友の狙撃死という戦争体験の意味を確定しようとする語りの中に、どうにも語り得ない「不在の穴」が現れていた。２人の生死を分かった10㎝の間隙は、語り手安田武にとって「体験として語り得ない『ブランク』(空白)」(富山 1995, p.101) の形で示されていた。安田は出来事の意味を確定しようと語りながら、その都度記される語りが真の意味とずれていることを実感したであろう。そして彼は揺らぎ続ける語りを、ひたすら繰り返すしかなかった。彼は意味に到達できなかったのだろうか。そうではない。「物語」として確定されなくとも、彼の「物語り」は体験に到達していた。彼の産出したあらゆる「物語」が不適格であるという形で、逆説的に彼の「物語り」は10㎝の意味に到達していたと言えないだろうか。

(2) 体験の意味の demarcation

体験の意味について、妥当なものとそうでないものの区別について考えよう。科学と非科学の区別にならって、この作業を demarcation と呼ぼう。

リーヴィとブラウン (Reavey & Brown, 2009) は、虐待体験に含まれる他者や自己の意図、自身の主体性、アイデンティティに関して揺らぎを見せるサバイバー女性の語りを考察した。過去体験の意味の確定は、想起者を包含する諸アクターのネットワーク (たとえば、Latour, 2005) に含まれる物理的対象によってもたらされると、彼女らは述べた。「ロックされたドア」、「怪物のような相貌のタンス」、「補助なしでは子供が降りられないほど高い壁」、「屋敷と公園を分つ道路」などに媒介されて、虐待関係者の行為は語りの中で、その意味を確定されて行った。出来事と行為の意味に物質的基盤が与えられることで、サバイバー女性らの想起はイマジネーションの産物ではなく、正当な想起として構築されていると言う。モノとの接触が、アクターネットワークを経由して、体験の意味の確証を促しているのだ。しかし彼女らは、モノとの接触の体験性については言及していない。この論文へのコメンタリーの形で森（Mori, 2009c）は、サバイバー達のモノとの接触が確証されれば、リーヴィたちの主張はより万全になると述べた。森（Mori, 2008）の想起の揺らぎや、大橋ら（2002）が言及した想起の文体を発見するのである。社会文化的なアクターネットワークだけを想起の参照枠にするなら、社会文化的アプローチと同じ結論しか出てこないだろう。

体験を構成するモノへの言及以外に、体験の意味の demarcation はどのようにして可能だろうか。スキーマアプローチの成果を外挿することを許してもらえるならば、語りの身体的行為としての側面に注目することであろう。オートポイエーシス論が導きの糸になりそうな感覚を筆者は得ている。閉域をなす個のシステムは（オートポイエーシスシステムは閉鎖系である）、観察という外的手段によっては理解できないが、唯一、直観という方法が残されている。山下（2010）は述べる。「飛んでいるチョウやボールなど、動いているものを追いかける際には、身体の運動そのものが相手の動きに応じて自然に変化する、つまり相手の運動が自分の運動の変化によって感知されているのであり、運動の直観とはこれを指す」（p.182）。体験の記憶や意味に敷衍して考えるならば、体験を語る他者の身体の運動と同調することで、我々はその人の体験に触れることができる。他者の体験性の発見、その意味の発見とは、体験者と聞き手の身体が同調して行くことで達成される。語る当人にとっても体験やその意味が最初から自明ではないため、この同調は当人が当人に対しても行なわれるであろう。これらのことが語り直しや対話の中で行なわれていることではないだろうか。

5　最後に

実験心理学から社会文化的アプローチへの転換。記憶・想起だけでなく、多くの心理学領域で散見される転換である。質的研究と称されるものも、おそらくこの転換とともに増加してきた。実験心理学が、多数の、そして現実世界では通用しない前提に依拠しながら、「本当のこと」を追求してきたことが暴露され、研究の焦点は「本当のこと」から「多様性」「変動性」へと移った。質的研究者の多くが採用する（していると称する）ナラティヴアプローチもまた、この転換の一部のように思われているかもしれない。しかしナラティヴターンによってもたらされたのは、言語的行為であると同時に身体的行為としての語りであったはずである。語りを言語的行為に限定してしまった社会文化的アプローチとは、この点で一線を画す。「多様性」「変動性」を認めつつも、ナラティヴアプローチは「本当のこと」に到達できる、すなわち研究協力者と研究者の間で、語り手と聞き手の間で「本当のこと」を共約可能にする道を拓いたはずである。それは人工的に作られた実験心理学的な「本当のこと」でもないし、社会的対人的に構築される、しばしば相対的な「本当のこと」でもない。他者と代替不可能な唯一の個に帰属される個別的、動的な「本当のこと」である。代替不能で、唯一であるが、それは共約可能である。ただしナラティヴアプローチには、一つ欠けていることがあるように思われる。「時間」の扱いである。個は固有の履歴（歴史性）を持つ。そしてこの歴史性に緩やかに制約された形で、未来に開かれている。時間とともにある個（当然それは社会的で、生物学的でもある）。その個がなす（しばしば他の個とともに）語りには、時間のズレ（「現在の私」と「過去の私」のギャップ）と具体―超越のズレ（「動的な体験者の身体」と「静的な言語記述」のギャップ）が現れるはずである。スキーマアプローチが目指すのは、このような個である。

注

［1］森（Mori, 2009a）などは、実験室実験の前提としてもう一つ、心理学法則の確率的言明を挙げているが、この特徴は本章の関心から外れると考えられたため、ここでは言及されていない。

［2］２００９年7月に京都で行なわれたＳＡＲＭＡＣ（Society for applied research in memory and cognition）の大会において、スキーマアプローチの発表（Mori, 2009b）に対してこのような質問がフロアからなされた。また社会構成主義の重鎮ケネス・ガーゲンも、筆者宛のメールで同様の疑問を呈している。

5章　ナラティヴの交錯としての紛争

和田仁孝

はじめに

紛争という現象については、様々な学問分野で、様々なアプローチにより研究がなされてきている。それが人間にとって「普遍的」な現象である以上、政治学、人類学、社会学、心理学など、それぞれの領域で関心を集めるのは当然のことである。しかし、研究者にとって「普遍的」な現象であることと、その現実の中で生きる当事者にとっての意味は大きく異なる。現実の中で生きる当事者の体験と研究者の視点に共約不能なずれが存在することは、いかなる人間の営為であってもみられるが、紛争という状況は、まさにこの共約不能性が先鋭な形で立ち現れる現象のひとつである。しかし、また同時に、それゆえにこそ、紛争状況は、物語と共約不能性の問題を考える際に、重要な示唆を何重にも与えてくれる格好の考察対象なのである。

第一に、紛争状況とは、相対する当事者の間で、「ある出来事をめぐる物語」の共約不能な衝突が存在することを前提とする。紛争の過程を通して、この共約不能性が幾分か克服されることもあるが、多くの場合、ズレはそのまま存在し続ける。このように我々は紛争状況を見るとき、共約不能性の問題に直接向き合うことになる。

第二に、紛争状況は多くの場合、当事者にとって非日常的な出来事との遭遇の帰結であることが多く、当事者内部で、安定した日常的世界の物語が壊れ、新たな物語の創出によって世界を理解可能にしなければならない事態でもある。この新たな物語の構築は、不安定でしばしば矛盾さえ含む形でゆらいでいく。紛争過程は、まさにこの不安定な物語のゆらぎと、共約不能性をも飲み込んで、安定した日常的物語へ回収していく過程と意義を目に見える形で示してくれる。すなわち、共約不能性の日常的乗り越えの方法を知る機会を提供してくれるのである。

第三に、紛争過程を研究するものにとって、物語の共約不能性が重層的な意味で示唆を与える点である。同じ出来事をめぐって、複数の物語を聴きとる作業を課される紛争研究者にとって、共約不能性はまさに研究主題そのものにほかならない。また、この当事者間に横たわる共約不能性のあり方は、研究者と当事者の間に存在するはずの共約不能性問題を考える手掛かりともなる。同時に、紛争過程に関わる実践家に対し、一つの有益な関わりの方策への示唆をも提供することになる。

これらの特性を念頭に置きつつ、以下、紛争状況における物語のあり方と、共約不能性の位置につき論じていくことにしたい。

1　紛争と物語の構築

(1) 範型的物語と語り

まず、概念の整理をしておきたい。ナラティヴないし物語の二つの位相、すなわち、我々が語ったり、理解（解釈）したり、書いたり、読んだりする際に活用される、世界の理解のための一般に流布した「認識の枠組み」という位相と、それらを活用しつつ、現に、発話され、表出される個々の一回起性の実践としてのナラティヴの位相を区別しておかねばならない。前者を本章では範型的ナラティヴないし範型的物語と呼ぶ。これには、「日本人は争いごとを嫌う」「間違ったことをしたら謝罪するのが当たり前だ」といった一般的なものから、教育によって獲得される知識体系なども含まれ、それ自体が重層的な構造をもつ。これに対し、後者を「語り」ないし「語りとしてのナラティヴ」と呼ぶことにする。

もとより、範型的物語が、どこか中空に実在するわけではない。すべての範型的ナラティヴは、個々の語りとしてのナラティヴの中に埋め込まれる形でしか存在し得ない。ちょうど、言語が具体的な発話や記述の中にしか存在しないのとそれは同様である。テクストは、たとえそこに存在しても、それを「読む」という行為を通してしか、実際には現前し得ない。「読む」という行為は、読者による様々な範型的ナラティヴの動員を通してテクストの意味を構築していく創発的な行為であり、個々の読者によって、そこで喚起された物語は、いささかなりとも差異を含むことになる。こうして範型的ナラティヴは、個々の語りとしてのナラティヴの中に、溶け込む形でその姿を見せるにすぎないのである。

しかしまた、この範型的ナラティヴがなければ、我々は、まるで何も知らない幼児のように、出来事について語ることすらできないだろう。範型的ナラティヴを通して、我々は初めて世界を意味あるものとして理解し、それについて語れるのである。このように範型的ナラティヴと語りとしてのナラティヴの間には、再帰的、循環的関係がみられる。

ちょうどスポーツやゲームのルールと個々のプレイの関係にそれは似ている。たとえば、野球やサッカーといったスポーツ、囲碁や将棋といったゲームを想定するとよい。サッカーにも将棋にもルールがある。というよりも、ルールによって、それらのゲームは、はじめて成立する。そもそもルールのないゲームなど存在し得ず、ルールがなければそこにあるのは無秩序の混沌状態だけである。一定のルールおよびそのもとで生成された「セオリー」とか「定石」と呼ばれるものの存在によって、個々の一手、個々のプレイは、プレイヤーにとって意味をもつことになる。この「ルール」「セオリー」「定石」といったものが、範型的ナラティヴに相当する。

ルールや定石によって支配されているにもかかわらず、ゲームの展開は何度繰り返しても一つとして同じ形にはならない。個々のプレイヤーの繰り出すプレイ（語り）は、その時その場で、無限に即興的に変幻し続ける。範型的ナラティヴは個々の実践を生み出すが、それは決して機械的・画一的な生産ではなく、個々のプレイヤーの特性、個々の場の状況に応じて無限の多様性を示すのである。ルールに依拠しつつ、同時にルールに回収しきれない個別性を内包しているのが「実践」なのである。[1]

ただし、語りとゲームの間には決定的な差異がある。それはゲームと違って、共約可能な一定の確定的ルールというものが存在せず、しばしば相互に矛盾する多元的な範型的ナラティヴが共存しているにすぎない点である。以上を念頭に、紛争状況でのナラティヴのゆらぎについてみていこう。

（2）紛争における物語構築――医療事故に関して

紛争状況は、安定的な日常の物語が破壊され、世界を理解するために新たな創発的語りが必要となる事態である。その際、各当事者は、それぞれ、多元的で時に相互矛盾的な範型的ナラティヴの中から、時には無意識的に、時には意識的に選択をしつつ、自らの語りを構成し、世界と状況を一定の意味あるものとして理解しようとする。この過程は、一方で、範型的ナラティヴに拘束され無意識にそれに支配されつつ生起する過程であるとともに、他方で、個別の文脈状況を踏まえた独自の解釈や意味付与による創造的な過程でもあるという二重性を帯びている。

言うまでもなく、この紛争状況での世界構築は、日常的な世界構築と比べ不安定なものであり、感情的な葛藤を伴いつつゆれ動いていく。この点につき、医療事故の当事者を例に考えてみよう。

医療事故紛争は、不慮の死や有害事象の発生という形で、その日常との断絶が大きい領域であるとともに、一般人と医療専門家という異なるナラティヴ世界を背景とする当事者が対峙する領域であり、物語と共約不能性を考えるに際し、格好の領域と考えられるからである。

被害者の物語構築

最初に、患者側の物語を取り上げてみる。1時間程度で終わる検査のはずが、有害事象が発生し、何時間もかかった処置の末、死亡したとしよう。人体の構造が一人一人微妙な差異を有している以上、どのような検査も絶対に安全ということはなく、時には予期しない形で血管を傷つけ出血が止まらなくなるといったリスクは、医療者は当然の確率的事象として理解している。そしてインフォームド・コンセントの時点で、そうしたリスクについての説明も行うのが普通である。

しかし、そうした極めて小さな確率のリスクを、一つの客観的可能性として聞くことと、実際に遭遇することの間には計り知れない相違が存在する。患者側は、まず、思いもかけない不慮の事態に遭遇して、それまでの日常的物語が打ち砕かれる事態に直面する。「検査を終えたら、帰路には、どこかで家族一緒に食事でもして帰ろう」「一週間後の旅行の準備もそろそろ考えないと」などという将来へ向けた日常的世界の物語は一瞬に消滅し、この新たな事態を改めて理解しなければならなくなる。まず、混乱の中で悲嘆や苦悩といった感情的葛藤が生じる。発生した事態についての医療側の医学的説明など、ほとんど頭に入ることもない。しばしば悲嘆が怒りという形をとって、混乱の中で攻撃的な言葉が紡ぎだされたりもする。

時間がたつにつれ、混乱から事態の意味づけが進み、一定の像が結ばれていく。この過程で、「肉親の不慮の死と喪失の物語」「医療事故をめぐる責任の物語」「保険と補償をめぐる物語」などな ど、様々な範型的物語が交錯しつつ活用されていく。しかし、これら範型的物語を取り込んだ当事者の語りは、決して安定的なものではない。

第一に、これらの範型的物語相互に矛盾や衝突が存在しうる点である。愛する者を失った被害者にとって、第一の問題はその喪失の悲しみであり、おそらくこの「喪失の物語」は、多くの人々に共有可能なものとして、とりあえずは受容される。この物語は、さらに「医療ミスと責任の物語」として展開していくことが多い。他方、「保険と補償をめぐる物語」は、その後の生活の維持のために必須であったとしても、反面、「肉親の死を金銭にかえるのか」というネガティヴな印象を与えかねないリスクをもつ。また被害者自身も被害が金銭的に評価されることについては大きな違和感をもつだろう。

こうした中で、おそらく「喪失の物語」が、事故後の世界認識では圧倒的な重要性を持って表出されることになる。もちろん、それは被害者が意図的な選択を行っているというよりも、無意識的な物語構築の結果である。この「喪失の物語」という範型的ナラティヴは被害者の想いの受け皿として機能すると同時に、他方で、個々の文脈の中でかけがえのない一回起性の事象として生成する被害者の悲嘆の表現を型にはめてしまう。個々の被害者の語りは似通っているものの、その背後にある個別の文脈を反映した想いや感情はひとつひとつ多様であり、表出された語りを越えて存在している。この語りの向こうにある「語りえない想い」の存在は、後述するように、物語を書き換えていくリソースとなり、紛争解決の対話過程で大きな意味を持つ。ここでは、「喪失の物語」のような範型的物語に、一方では支配され、ある意味では活用しつつ、なお、そこに回収しきれない個別の「語りえない想い」が被害者の中に存在することを確認しておく。

さらに、多くの被害者にとって、補償の問題や法的請求の物語は、感覚的に、副次的なものにすぎない。ただ、「保険や補償の物語」は、副次的意味合いではあっても併存し、「喪失の物語」との間で緊張関係を孕む。こうした矛盾は、金銭賠償の点だけでなく、医師が謝罪している際、なお「喪失の物語」に基づく非難を繰り返すことと、「謝罪するものに対し過度の攻撃性は示すべきでない」といった日常的規範の物語とが抵触するなど、様々な次元で見られる。このように紛争状況では、実は、当事者の語りそのものの中に「共約不能」な複数の物語が胚胎されているのである。

第二に、これら範型的物語自体、時代や状況によって異なる相対的なものであることにも留意しておく必要がある。たとえば、出産は比較的最近まで、人間にとって極めて危険な営みであった。新生児、乳児の死亡率は高く、妊婦にとってもいわば命がけの営みであり、命を落とすこともまれではなかった。しかし、医学の発展により、現在、我が国の産科医療は、世界有数の安全性を誇るまでになっている。しかし、出産時の事故をめぐる訴訟や争いは、それに反比例するかのように増加している。すなわち「出産は命がけの営みである」と見るかつての範型的物語に代わって、「出産は安全であり、正常に生まれるのが当然」との範型的物語が支配するようになる中で、事故が発生した際に、「喪失の物語」から諦念へという流れではなく、「喪失の物語」から「ミスと責任の物語」、そして正当な要求の表出へという物語構築の流れに変容してきているのである。

こうして被害者は、まずその感情から発し、多くの人々に共感される「喪失の物語」を基盤に、紛争の流れの中で「医療ミスの物語」、さらには「補償」「法的請求」の物語をも抱え込み、医療側の物語と接することになる。対話する相手が、相手方医療者であるか、家族であるか、あるいは研究者であるかによって、その語りは、しばしば矛盾さえはらむ多様性を示すことになる。

医療者の物語構築

医療者側は、患者側とは異なる範型的物語に囲まれている。もちろん、一人の人間として「喪失の物語」は共有可能としても、患者側にはない範型的物語がそこには影響してくる。またその物語はより複雑なものとなる。

第一に、医学の専門知の物語である。発生した有害事象について、その医学的因果関係や経過につき、専門家として共有される知の体系の中に位置づけ理解する認識の枠組みが作用する。ミスが明らかな場合はともかく、ミスがあったか否か、ミスと有害事象に因果関係があるか否かは、医療者にとっては、当然ながら、医学的に検証されるべき課題であると認識され、事実医学的知識を動員した物語が構築されていく。もちろん、すべてが説明されつくすわけではないにせよ、一定の蓋然性を前提とした医学的枠組みからする「事故の医学的物語」が構築される。

第二に、やや異なる位相の問題として、「医療の現場の物語」「医師の営みをめぐる物語」が存在する。患者側と違って、医療者は多くの症例に接し、多くの死や事故に接している。患者側にとって非日常である「死」は、医療者にとっては「日常の風景」ですらある。また医療は、不確実性を内包しており、一定の割合で防ぎようのない有害事象が発生することも知悉している。こうした中で、患者側の「喪失の物語」に一定の共感を示しつつも、「医療ミスの物語」とは異なる「医療の不確実性」「医療の限界性」といった物語が動員され、その認識を形作っていくことになる。また、現在の「医療現場の多忙性」や「医療者の不足」といった「医療現場の一般的物語」もこれらの認識の基盤に内包されていく。

第三に、「病院組織の物語」もそこに影響する。これは個々のアクターにより内容は異なる。管理者の立場に立つ院長、事故を起こした若い医師の将来を心配する上級医、病院に迷惑をかけることを意識する当事者の医師、それぞれがそれぞれの組織の物語の中で、事故発生後の現実把握の過程で影響を受けることになる。

事故物語をめぐる共約不能性

以上のように、医療事故をめぐる紛争状況にあって、患者側と医療側は、そこで参照する範型的物語に大きな差異が存在することが分かる。言うまでもなく、医学的知識もなく、医療の現場の日常的物語も共有しない患者側には、医療側の見ている現実は、そのままには目に映らない。たとえば、医療側がたとえ誠実に隠さず、ごまかさず、発生した有害事象につき情報の提供と説明を行ったとしても、またその際、患者家族のために自身の心の動揺を抑えて、プロフェッションとしての責任を果たすべく努めて冷静に話そうとしたとしても、患者側には、「難しい専門用語でごまかされている」、「人が死んでいるのになぜこんなに冷静でいられるのか、モノのようにしか患者を見ていなかったのではないか」と、逆に疑念をもって理解されるかもしれない。患者側は、当事者以外、誰にも共有不能な「喪失の物語」「ミスと責任の物語」に引きつけつつ、これら医療者の語りを自らの物語の中に独自の仕方で組み入れていく。

逆に医療側は、この譲渡不能な被害者当事者の悲嘆と苦悩を、当然ながら共有できないまま、医学的物語、医療の日常の物語の観点から、患者側に理解を求めようと試みる。医学の不確実性や、事故の不可避性の説明を伴い構築される「事故の物語」は、肉親を喪った「喪失の物語」とは、やはりずれざるをえない。

そもそものゲームのルールとしての範型的ナラティヴが一致しない以上、また譲渡不能な「喪失」という体験が偏在している以上、どこまで行っても埋め得ない共約不能な溝が存在することは否定できない。

しかし、共約不能性は、紛争当事者の間に存在するだけではない。実は、患者側も、医療者側も、それぞれが描く「事故の物語」それ自体の中に、そもそも共約不能性は胚胎されている。先にみたように、「喪失の物語」と「補償という物語（被害は金銭によって償われる）」は、患者自身の中で、不協和音を奏でている。また、一般的な関係性に関わる範型的物語に影響され、「これまで親身にみてくれた医師の責任を追及する行為などしてはいけないのではないか」という葛藤も生まれる。家族内で微妙な見解の相違も生まれてくる。その中で「事故の物語」は共約不能な要素を抱え込んだまま、当事者を安定した物語から程遠い不安定な状態に置いたままにするのである。

医療者側も、人間としての被害者への共感、苦悩と、医療者として有する事故をめぐる「医学的物語」、さらに「病院組織の関係性」に起因する物語など、それぞれが時に先鋭な矛盾さえ含む形で混在している。医師の側も、その「事故の物語」は、やはり安定した物語からはほど遠く、共約不能な視点の中でゆらぎ、苦悩を深めることになる。

物語の共約不能性は、このように個人の間だけでなく、そもそも物語を紡ぐ個人内部の「語り」のなかにも内包されているのである。これを内的共約不能性と呼ぶことができよう。

紛争展開過程と物語のゆらぎ

こうしてそれぞれに矛盾を内包した不安定な物語を念頭に、患者側と医療者側は対峙することになる。事故についての説明、患者側の悲嘆の受容、事案によっては共感表明や謝罪の提供、今後の安全対策の提示、賠償やお見舞い金の提示などが、そこでのテーマとなる。

この紛争交渉過程は、単に、AからBへの見解の提示と、その受容ないし拒絶といった単純な情報の交換関係ではない。たとえば患者側にとって、医療側の説明は、その内容だけでなく、その身振りや対話の場の設定の仕方など様々な要素を含みこんで「事故説明の場の物語」として、あるいは「謝罪の場の物語」として、患者自らが能動的に構築していく何かである。

たとえば「読む」という行為は「テクスト」を前提とするが、しかし、読者ごとに、同じ文字の集合から読み取り構築する物語は微細に異なってくる。それゆえに「読む」という実践は、決して受け身ではなく能動的で、創発的な営みであり、またそれゆえにこそ、テクストの存在すら共約可能性を担保しないことの証明でもある。同様に、たとえ、医療側がいずれの事故の場合でも変わらない同様の説明を行ったとしても（実際には完全な同一性など存在しないが）、患者側が異なれば、そこで読み取られる「説明の場の物語」は、異なってくる。

すなわち、当事者にとっては、「自己内部での物語」と、対話の場で「提示される物語」が、相互に矛盾せず、相互補強的に、ひとつの安定した物語に落ち着くように構築されていくのである。相手が何を言ったかによって、自身の物語が変容するだけでなく、自身の物語との矛盾のない接合を志向して、相手が何を言ったかも同時に構築されているのである。医療側が、医学的認識に従って説明の過程で客観的に述べた「この時点で出血は1リットルでした」という言葉は、怒りに苛まれている患者側からみれば「患者をモノのようにしか見ていない」姿勢を表現する言葉として意味づけられるかもしれない。「結果として救命できなかったことをお詫びします」という謝罪（「結果として」という言葉には過失はなかったという意味が含まれている）は、医療ミスの存在を信じている患者側には「過失を認めて謝罪した」という意味になるかもしれない。

医療側も同様である。患者の語りは、医療側の内的物語と融合する形で、能動的に意味を吹き込まれていく。客観的な医学的説明でなく、最後の時に医師が何を思い何をしてくれたのか、そういうことを知りたい、共感してほしいと願う患者側のニーズをうまく理解できず、ついには「真相を知りたい」という言葉を、「要するに金目当てなのだ」、「クレーマーなのだ」と意味づける例はよくみられる。

このように紛争過程とは、実は相手方との「対話の場の物語」が新たに能動的に構築されつつ、自己内部の物語と接合されていく過程に他ならない。そうだとすれば、こうした能動的な対話の場の物語構築を、より当事者の不安定性を除き、いささかでも物語を共有する方向へ進むよう模索していくことが有益な援助となるはずである。相互の認識がいっそう膠着するような対話ではなく、いささかでも、共有が促される対話とは、いかにして可能だろうか。

先に、被害者の物語の向こうに、常に「語りえない想い」が潜んでいることを指摘した。それは範型的ナラティヴが、その手軽さの反面、内包せざるを得ない限界であり、この「語りえない想い」こそが、物語の書き換えのひとつのリソースとなる。また、同様に、医療者側にも「語りえない想い」は存在する。そこで、これら「語りえない想い」への気づきを対話の中で促し、それを手がかりとして、物語の書き換えをいかに進めていくかは、紛争解決の過程で、被害者にとっても、医療者にとっても重要な課題である。「語りえない想い」への気づきが生まれたとき、当事者の見る膠着した物語は揺らぎ、対話の中での語りや、自己内部の物語も変容していく可能性を持つことになる。紛争解決の過程とは、範型ナラティヴによって構築され、しばしば膠着しがちな認識を、「語りえない想い」に耳を傾け、「見えていない出来事」に目を配りつつ、語りの交錯を通して書き換えていく営みにほかならない。

次に、この紛争過程への第三者の関わりを見ていくことにしよう。まずは司法ないし裁判という場での法律家の役割について、第二に紛争を研究する研究者の位置を、そして最後に、それらを超えた最近注目されているメディエーターという立場の位置を、順次検討していくこととする。

2　紛争過程と第三者の位置

(1) 法の物語――共約への試み？

紛争は解決されるべきもの、ないしされるものというのが、一般の考え方である。しかし、ナラティヴ・アプローチをとる限り、紛争の帰趨がどのようなものであれ、その過程を経て、なお当事者は自身の中の物語との終わりなき対話を紡ぎ続けるしかない。肉親を喪った被害者も、身体機能を損なわれた被害者も、それに関与した医療者も、それぞれに、終わりなき自身との対話の中で物語を紡ぎ続ける。当事者にとって紛争は終わらないし、完全な解決はあり得ない。特に医療事故の様な人身被害の場合はそうである。このことは、紛争解決の最も整備された手続きと思念されている裁判や司法の機能の不能性を予想させる。

日本人にとって、裁判や法は、次第に変わってきたとはいえ、どちらかというと縁遠い存在である。多くの人は訴訟を経験することなど日常の中で想起することすらない。この縁遠さゆえに、法や裁判をめぐる神話的な物語が構築される。「裁判は正義の最後の砦である」、「法は正義を実現してくれる」といった物語が、範型的物語として流布している。欧米でのより冷めたシニカルな法の物語と、それは大きく異なっている。

しかしひとたび、紛争が法的物語の土俵に上げられると、実際に、そこで起こるのは、権力的な物語の支配・抑圧の過程であることが多い。法は当事者が語る正義を守るどころか、当事者の正義の物語を否定し、法という知の体系が紡ぎだす限定された正義の観念を押し付ける。多くの当事者はそこで失望せざるを得ない。それはまさに知＝権力の典型的な作動である。[2]

ある意味で、法は、共約不能な紛争状況に、一定の共約可能性を生み出そうとする企てである。患者側の「喪失の物語」は、譲渡不能な悲嘆と苦悩に根ざしている限り共約可能性は最終的には、ない。法の土俵ではそれらは深く顧慮されず、悲嘆さえ金銭に換算することを当事者に強いる。医療者の医学的・自然科学的因果関係の物語も、科学より価値判断を課題とする法の土俵では決定的意義を持たない。法は、独自に構築した物語に即して、「過失の有無」「因果関係」「責任の有無」などを整理し、金銭賠償を命じていく。

たとえば、「因果関係」という言葉は法の物語の中では、自然科学的因果関係とはまったく異なった意味を有している。法的な意味での因果関係とは、端的に言えば、ある過失行為とそれによって生じた結果（損害）との間に「因果関係があるかないか」についての評価を示す言葉である。法的には、因果関係は「ある」か「ない」かのいずれかであり、とりもなおさず、事象に対して規範的になされる「評価」そのものなのである。この法独自の物語は、日常的であれ、医学的であれ、他の物語から見ると、そもそも共約不能なものといわざるを得ない。

法の物語が、他の物語を圧殺することで、確かに、ある次元での共約は達成されるのかもしれない。しかしそれは共約不能な世界を対象に、虚構の上で、かつ権力的に構築した共約可能性でしかない。患者側も、医療側も、ひとたび法の物語に浸潤されるや、個々の内的物語とは無関係に、法の物語に抑圧され、解決されたことにされてしまうのである。

誠実な医療者の対応や謝罪を求める患者の声、ミスはないことを理解してもらおうと説明を試みたい医療者、ミスに関わらず結果への謝罪を表明したいと自分を責める医療者、そうした声は、訴訟では場を失い、その結果、いずれの当事者も、勝訴であれ、敗訴であれ、その後の終わらない対話を苦しみつつ、また相手への否定的な思いや恐れをはらんだまま、紡ぎ続けねばならないのである。

こうして法は、壮大な共約可能性神話として、実は抑圧的機能を果たす可能性があることを見極めておく必要がある。

（2） 研究者の位置

さて、この法という物語の権力性は、ナラティヴの世界にも権力的な支配・抑圧の構造が潜んでいることを明らかにしてくれる。そして、法ほど明示的にではなくても、科学・学問もまた、そのような知－権力のひとつである。

研究者は、当事者の語りを聴き、それをあらかじめ構成された理論や仮説の枠組みに押し込もうと試みる。当事者の語りを「正確に」聴きだすこと、聴きだした「真の情報」を対象に、仮説との偏差と適合性を測り、また理論を修正していく。こうしたおなじみの研究図式は、先に見た法の神話と、その虚構性の点で変わるところはない。それは、共約不能な世界を対象に、無理やり構築された虚構的な共約可能性の物語に過ぎない。

なぜなら、当事者の語りそのものが、先にみたように共約不能性を胚胎しているからであり、また、研究者と当事者の間にも共約不能な異なる範型的物語が前提されているからである。

レナート・ロサルド（Renato Rosaldo）は、若い頃、首狩りの風習で有名なフィリピンのイロンゴット族の間でフィールドワークし、そこで彼らがなぜ、首を狩るのかを確認しようと試みたという。[3]「なぜ首を狩るのか」というロサルドの問いに、イロンゴットの人々は「ただ怒りでそうせずにはいられないのだ」と答える。人類学者であるロサルドにはもちろん、満足できる回答ではない。彼は交換理論を適用したり、さまざまな理論的枠組みで説明しようとしたがうまくいかなかった。後年、同じく人類学者である彼の妻が、フィリピンでがけで足を滑らし事故死した際、彼は突然、イロンゴットの人々の語り、「ただ怒りでそうせずにはいられないのだ」という感覚を了解できたというのである。

この人類学者の体験は示唆的である。外在的な科学の物語を押し付ける形では、人々の世界と研究者の世界の共約不能性を乗り越えることはできない。人々の世界に到達することはできない。しかし、研究者の出来合いの理論の物語を捨て、まず、当事者の体験や感覚に寄り添うところから、ようやく不能性の問題に応答するヒントが見えてくるのではないだろうか。もちろん、ロサルドが首を狩り始めるわけではない。最終的な共約不能性は残る。しかし、保険会社の死を金銭に換算する書類に接し、ロサルドが感じる憤怒は、彼に巧まずして最も基盤的な人間としての物語の次元で、イロンゴットの人々への共感を感じさせたのではないだろうか。

理論という虚構的物語は、その土俵において必要であり、有用でもある。それを否定するのでなく、共約不能な対象世界に接するときに、そのことを認識しておくこと、共約不能ながら、なお共感できる何かを求めていく姿勢を持つことが、研究者とフィールドを誠実に結びつける視点ではないだろうか。

(3) 医療メディエーションという試み

最後にこうした視点が、実践的にも意義を有することを指摘しておきたい。現在、医療界では、医療事故発生後の患者対応に対話促進型メディエーションという関係調整モデルを導入する動きが広がっている。英米では、小学生でも学んでいるスキルであり、家族関係の調整や、法的紛争の領域でも用いられている。

メディエーションは、日本語では調停と訳されることが多いが、日本の調停過程は、英米で普及したメディエーションとは大きく異なっている。むしろ、これまでの日本にはあまりなかった関係調整モデルと考えたほうがよい。現在、英米には、大きく分けて三つのモデルが存在する。以下に簡単に整理しておこう。

評価型メディエーション（Evaluative Mediation）

比較的わが国の調停に近いものである。第三者が法的評価や専門的評価を示し、解決案を提示して当事者の合意による解決を促すモデルである。日本の調停は、ほとんどの場合、当事者同士は顔を合わさず、調停人と各当事者が相手のいない別席で順次話すのが普通であるが、英米では、評価型の場合でも、当事者対面で行うことが多い。

対話促進（問題解決）型メディエーション（Facilitative or Problem-Solving Mediation）

当事者は同席で、当事者同士の対話による合意形成・問題解決を、メディエーターが支援するモデルである。この場合、第三者であるメディエーターは、たとえ専門家であっても自らの評価や判断、見解を提示してはならない。あくまでも解決を模索するのは、当事者同士であり、メディエーターは、対話が誤解や膠着に陥らないよう質問を通して語りの意味を掘り起こし、気づきを促す、黒子的な支援者の役割に徹する。米国ではこのモデルが基本であり、メディエーターはたとえ弁護士であっても法的評価を示すなどはしてはならないことが、メディエーター倫理として確定されている。

認知変容型メディエーション（Transformative Mediation）

メディエーションの目的を問題の解決ではなく、当事者自身の認知の変容そのものに置くモデルである。当事者の人格的変容が目標であり、問題の克服は副次的産物として考えられる。家族関係などでは、有益なモデルである。

この中で、わが国の医療現場で普及しつつあるモデルは、対話促進型メディエーションを基盤に、感情的コンフリクトが大きいことから、認知変容型メディエーションの要素を組み込んだ形のモデルということができる。なお、近年、ウインスレイド、モンクらによるナラティヴ・メディエーションと呼ばれるモデルが提起されているが（Winslade & Monk, 2010/2000）、社会構成主義の理論やナラティヴ・セラピーの発想を適用したものとして、現在の医療メディエーションに最も近いモデルということができる。とりあえず、これを対話促進型メディエーションと呼んでおく。

この対話促進型メディエーションでは、メディエーターと呼ばれる第三者が、当事者の間に入って、両者の対話を促進する。[4] メディエーターは決して自分の意見を表明したり、評価・判断を提示したりはしない。あくまでも当事者それぞれの語りを共感的に受容し傾聴していく。あとは、質問を通じて、両当事者に語らせ、「語り得ない想い」の表出、共有を促進し、当事者同士が、それぞれの物語を、共約不能ではあっても了解し、自主的に歩み寄れる部分は歩み寄れるよう支援していく。答えは常に当事者の中にあり、メディエーターは、当事者の気付きを促し、物語に橋を架けるのを援助する役割に徹する。

医療事故場面で、医療メディエーターは、患者の喪失の物語を共感的に受け止め、ケアしていく。医療者側も傷ついていることが多く、やはり共感的に傾聴しケアしていく。そのうえで、最終的な共約不能性は前提としながら、当事者自身が、事故の経験をめぐる相互の物語を、ケアを通して対立的にではなく交錯させ、相互の了解可能性をいささかでも促進していくのである。ただし、メディエーターは、評価や判断、解決案の提案など、自らの物語をそこに提示することはしてはならず、当事者が自ら気づき、物語を書き換えていくのを支える謙抑的役割に徹するのである。

具体的には、個々の当事者が固執する表層の物語からの脱却を促すためにも、それぞれの物語を受け止めつつも、その向こうにある「語りえない想い」や「見えていない出来事」に当事者自ら形を与え、気づきが生まれるように質問を行い、物語に揺らぎを生じさせていく。当事者に質問への回答を通して、自らの内部にも、矛盾さえ含む多元的で共約不能な物語が共在していることへの気づきを促すのである。いわば、共約不能性を物語の書き換えへの手がかりとして動員しているということもできよう。

ここでは、共約不能性が二重の意味で交錯していることがわかる。すなわち、自己の物語に内包された共約不能性を手がかりに、物語を書き換えることを通して、当事者は、相手方との間に存在する共約不能性の溝に少しでも橋を架けていくことになるのである。

医療メディエーションによって達成されるのは、決定的な共約不能性を当事者が乗り越えることである。換言すれば、メディエーターの支援で、対話を通して、事故による苦悩と悲嘆を乗り越えていくことである。一種のグリーフ・ケアに近いともいえる。すべてを共約的に理解しあうことは必要ではない。「異なるけれども、相互の物語の間に決定的な対立的断絶はない」という一定の乗り越えがなされることが重要であり、その上でなら、賠償や法の物語も受容可能となっていくのである。

現在、医療メディエーターは急速に医療現場に普及しつつあり、患者側、医療側双方に受け入れられている。

そこで、大切なのは、共約不能性を解消することではなく、むしろそれを認めることなのではないだろうか。

注

［1］このような構造・ルールと実践（プラクティス）の関係について、ピエール・ブルデュ（Bourdieu, 2001/1980）の理論が参考になる。

［2］法という知の体系の言説構造と権力性、そこでの実践における抵抗については、『法社会学の解体と再生――ポストモダンを超えて』（和田 1996）がある。

［3］ロサルド（Rosaldo, 1998/1993）の著作は、この他、フィールドと関わる質的研究者にとって多くの示唆に富む重要な文献である。

［4］医療メディエーションについてのまとまった紹介でありテキストとして、『医療コンフリクト・マネジメント――メディエーションの理論と技法』（和田・中西 2006）がある。

6章　共約と共在――アフリカ牧畜民でのフィールドワークから

作道信介

はじめに――問題

「共約不可能性」は「共約」を意識することを前提としている。つまり、「共約不可能性」を解決しようと調査を進めるにせよ、「共約不可能性」を前提に調査を進めるにせよ、とにかく「共約」が調査上問題になるという前提でたてられたテーマである。1章、2章の基幹論文を次のように要約してもいいだろうか。「共約」とは調査者と協力者が調査を通じて互いに了解できる話をつくりだすことである。インタビューでは、協力者が明かさない、調査者側からは秘密に見える話がある。その解明が研究の原動力である。解明の方法としては2つある。ひとつは被調査者に研究プロジェクトの〝共犯〟になってもらって語りを継続しながら、秘密を解明する方法である。もうひとつは、調査者は自身の調査が受け入れられているといった幻想を捨て、思い込みの〝共犯〟から脱するような工夫をしながら調査を続ける方法である。いずれにせよ共約とは相手と共犯関係にならないと成立しない。

私は日本ではインタビューや参与観察を、アフリカでは住み込み型の調査を中心にフィールドワークをおこなってきた。そのなかで「共約」や「共犯」を意識する機会はほとんどなかったように思われる。それは調査協力者と理解しあえているということではない。また「共約不可能性」を前提として調査をしているというわけでもない。たとえば、調査協力者に筆者の研究を理解してもらう努力は必要である。相手の言うことがわからない、知りたいことがわからないということが研究を動機づけるのは当然である。しかし、「共約不可能性を糧にして」研究をすすめるというようには意識してこなかった（うかつだったか！）ということである。それは調査者がフィールドで得られた知識の共有への関心が乏しい、つまり、調査者と協力者の関係について意識が低いことを意味しているかもしれない。

本章では、アフリカの牧畜民でのフィールドワークを例にとって、フィールドワークを支えるのは何か、について若干の検討をしてみたい。もしこのフィールドワークが、「共約」を意識させないところがあるとするなら、それはなぜかを考えてみたい。「共約」でなければ、何を目標に調査をおこなっているのだろうか。このような問いに答えることは、「共約」を目標とした調査に対して、フィールドワークをささえる別の根拠を示すという意義があろう。そのための資料としてフィールドノートの記述を用いる。一部の記述は別稿でも使用し、説明のため原文に補筆してある。

フィールドワークとは「物事がおきるまさにその現場に身をおきそこで体験することを核にしながらも、同時にさまざまな技法を駆使して社会や文化あるいは人間存在という複雑な対象を丸ごととらえようとするアプローチ」（佐藤 2002, p.214）である。この前半部分がフィールドワークと「共約」を考える鍵である予感がある。

1　フィールドワーク

ケニア北西部の半砂漠地帯で放牧生活を送るトゥルカナの人びとは独特のコミュニケーション・スタイルをもっている。それは協働することで問題を解決する姿勢である。具体的には、困っている人が要求したら、要求された側はそれを実現するように協力するということである。断ることはできない。それは、私たちにとっては、援助要請、〝ねだり〟として感じられる。北村（2002）は、このような人間関係の背後にある生活論理を「協働原理」とよんだ。協働原理とは「人は協働すべき」という原則で、「自らの利益を確保しようとする双方の意図を肯定したうえで妥協点を探」る、ことである。

調査は、大勢のねだりにやってきた人への対応のなかでおこなわれる。調査者は、調査者である以前に、困りごとの相談相手としているのである。その数は1日最大60人近くだったこともある。だから、そのなかにいると、自分がねだられるためにいるかのような気持ちになる。訪ねてくる人はすべて〝ねだり〟の客だからである。援助要請をする相手はこちらの事情を斟酌しないのでおもわず、こっちの身にもなってくれと言いたくなる。

このような気持ちになる原因のひとつは多勢に無勢だからである。それぞれの人には援助を求める事情があり、ひとりひとり別々にやってきているだけである。それが結果として、私にとっては総勢60人の集団として経験される。〝ねだり〟にさらされていると、あたりまえのことがわからなくなる。人びとは私にたかりにきていると思ってしまう。

2　エトットの助言

遠方から男性がたずねてきた。私がお世話になっているエトットの知り合いだ。ウガンダ国境の山地部で、どこかの飛行機がジェリカン（油や水を運ぶプラスティック製、金属製の容器）を落としていったら、それが爆発した話をしている（ウガンダ軍による反政府軍への攻撃ではないかと噂された）。私に向きなおると、「私はお前とエトットの客人としてきた」と宣言した。そして、3つの欲しいものがあると言い出した。それは食料と布と家畜の薬だ。横から別の友人が「おれは、薬だ」と口をはさむ。そこで、男性には食料として砂糖とトウモロコシの粉をあげ、友人には薬を買うことにした。つまり男性は最初の要求だけがかなえられた。私は「おれはひとつ約束したから、残りはエトットやその他の友人に頼めばいい」と言った。すると、エトットが「おまえが客として誰かをたずねて、何かをほしがったとしよう。そのとき、相手に別の人をたずねろといわれたら、どんな気がするか」といいだした。私はそのとおり、まちがっていたことを認めた。

そのあと、エトットはテントまで来て、５００シル（８００円ほど）を給料から前借りをする（エトットは私が滞在する家の主人だが、私が雇用するかたちで給料を支払っている）。彼も客人にお金をわたすのだ。じっと僕の目を見て、ほら……おれも出すのだといいたげである。要求は要求されたものが引き受けるのであって、さっきはサクミチだったが、おれはおれで要求されるのだよ、と言っているような目をしている。エトットはこういう深い目をよくする（１９９５年10月12日）。

私は「おまえにもたくさん友人がいるから別の友人をたずねなさい」と言った。しかし、相手は、私をたずねてきているのである。私は私を求める相手に対応しなければならない。あまりの訪問客の多さに、一人ひとりの対応に礼を失してしまった。エトットのアドバイスは的確である。これはトゥルカナ社会に限ったことではないが、とくに、この社会では人間関係を1対1の関係としてとらえ、相手に関与し続けることが強く強調される。

後半の私のエトット理解はこちらの思い込みかもしれない。そこで彼の気持ちを確かめるべきだったのだろうか。いまからふりかえると、私は「訪問客はただものをもらいにやってきたのではない、おまえとある関係にある人格としてやってきたのだ」というメッセージを受け取ったのではないかと思う。ただし、それは言語化されていない。相手の目のなかに読みとっている。私は相手が言ったことだけを記述しているのではない。私がそのなかにいる状況や一連の相互行為がひとつのエピソードに読み込まれて切り出されている。観察がどのような意味をもつのかは、その当初はわからないことが多い。ぼんやりとなにかの啓示のように感じられている。同様の出来事がエピソードとして繰り返し現れるとき、よりはっきりした意味あるものとなる。

3　いつまでも踊っていろ！

（トイレからの）帰りがけ、……女たちが歌いながら、僕を取り囲む。集団でやってくるねだりだ。私のテントをみると、もう一団がすでにテントの前で踊っている。……今日だけでもう5グループ（の訪問）だ。僕のなかで、なにかが切れた。家に戻ると帽子をかぶり、5グループ目だ、「もう、なにもない、踊りたければいつまでも踊っていろ」というと、（家をあとにして）川の方へすたすたと歩いていった。

最初は、ポーズのつもりだったのが、だんだん本当に腹が立ってきて、急ぎ足で川床を西へむかって歩いている。もう日は沈んで残光で砂の川原が火星のようだ。しばらく歩いていると、うしろで呼ばわる声がする。エトットだ。（私は立ち止まって）エトットが来るのを待つ。「人が多いからな。帰ってもらった」とにやりとエトットがわらう。「ほら、おまえのおかあさんもやってきた」。みるとアパラ（エトットの妻）が小さなジェリカンをもってやってくる。僕の側をぎりぎりで手がふれるほど近くをとおりすぎて（たしかに左の薬指があたった）、井戸の方へ行く。水くみにいくふうだ。とっくに、水くみは終わっているのだ。僕は「散歩をしていただけだ」というと、「おまえの歩いていた方は難民キャンプの方向だ」、とエトット。戻るとあれほどにぎやかだった〝広場〟には人がいなくなっており、ワーカーたち（助手）だけがイスに座っている。どこへいっていたかとたずねるので、散歩していただけだとこたえた。みんなしばらくだまっている。助手のひとりが、「エロノ、サクミチ」（サクミチが悪い）という。ねだりに来た人に何もないという（断る）のはいいが、ここにいなければいけないのだ（１９９８年９月14日）。

ここでも私は彼らとのつきあいで、同じ失敗をしている。相手を事情のある個々人と扱わないで、その場から〝逃走〟してしまった。たしかに、集団でのねだりは威圧的で交渉に疲れてしまうというこちらの事情がある。しかし、私は対応をする責任を放棄してしまった。それを周囲の人びとがとりつくろってくれたのである。

ここでも、エトットとその妻の行為は私から解釈されるだけである。私の解釈が妥当なのかは実証的な意味では言えない。かれらにとっては、夕方に問題が起こるのをいやがっていただけなのかもしれない。だが、アパラが指のこすれあうほど近くを通ったのはなぜだろう。なんども繰り返される行為はやがて確信をもった意味をもつようになる。相手の要求にはそれを拒否するにせよ、応えなければいけない。相手と向き合うことが求められていることが明確になる。また、最初のエピソードと同様に、周囲の心配や配慮もわかるようになっている。ここでの記述を支えているのは、同じ場面を作った相手との相互行為で培われた感覚なのではないだろうか。それを「共通」の感覚とはいうことはできないかもしれない。確かめることができないからである。しかし、こちらがある感覚をもったとき、相互行為の相手がそれに相応する感覚をもつことはありえる。また、その反対もありえる。少なくとも、そのような一時的な対応関係がありえると私たちは考えている。

次の例は、ひとつのエピソードがフィールド経験を重ねるに連れて、意味深くなっていった例である。

4　イクワイタンの賛美歌

知人男性が、妻が貧血で調子が悪いので儀礼をするというので、500シル（800円ほど）を援助した。最初1000シルといってきたので、500シルというと、「あっ」という意外だという顔をしたが、くれるのはおまえなのだから、おまえのいうとおり、おれはもらうだけだと言った。そのとき、私は儀礼について奥さんから話を聞きたいと依頼していた。その知人男性が奥さんを連れてきたという。そこで、会いに行くと少し離れた木の下に敷かれたゴザに横たわった女性が見える。近づくと、彼女はわざわざすわりなおしたが、呼吸が速く、はあはあしながら汗をひどく額に、全身に浮かべている。座っているのもきつそうだ。なにかたずねてもうわずった声を出して話すのもやっとだ。これでは話どころではないので、すぐ病院へつれていくことにして、車に乗せる。途中、２度気分が悪くなって、外の草むらで水しか出ない嘔吐をする。昨日から何も食べていない。だから車はきらいなのよと彼女は恨みの声をあげる。すっかり車の荷台に横たわった彼女のよこで同乗した隣人イクワイタンが濁声（だみ声）で歌いだした。トゥルカナの歌ではない。トゥルカナ語の賛美歌である。砂埃をあげ砂漠を走る車内に賛美歌はしずかにしみいって、声高いエンジンの音さえ気にならなくなって、胸にしみた。泣きそうになってでこぼこをさけて、ハンドルを切る。（１９９５年８月26日）

この場面の雰囲気はその場にいる人びとに共有されているのだろうか。私が感傷的になったのは、勝手な思い込みなのだろうか。私がこの場面をフィールドノートに書きつけたとき、これは大事な場面だという感覚はあったものの、それ以上言語化はできなかった。いくつかの事実を補足してみよう。

（1）病人は小屋の外に寝かされる。それはつねに人の目がいきとどくようにという配慮とともに、やってくる人にも病人がいる事実を伝えるためである。外に寝かされていれば、訪問した人間は声をかけるだろうし、なにかできることがあればやってくれるだろう。病人はつねに人のつながりのなかにいる。

(2) 妻の病気は後にうけた病院での診断ではマラリアである。まず、彼らの病気対処についてふれておこう。彼らは病気になると、まず、患部に働きかけようとする。たとえば、脾臓が腫れる場合には、脾臓に病気の血が溜まっているので、脾臓をさわってその位置を修正し、脾臓の上をカミソリで瀉血する。このような患部への働きかけができない場合には、下剤作用のある薬草をのみ、病気を腸に集めて排出する。それでも回復しないときは、家畜を屠殺する治療儀礼をおこなう。しかし、マラリアのような症状が多様で全身性の病気には打つ手が少ない。今回のように、かれらにとって高額の費用がかかる病院に行くしかない。このとき、いわば最後の方法として病院へいこうとしていたのである。

(3) 隣人イクワイタンは若いときに都市部に農業労働者として出稼ぎにでかけていた。だから、片言の公用語を話す。そのとき、性病に感染した。同時に、その町の教会に通い始めた。賛美歌はそのときおぼえたという。彼には妻がいて4人の子どもがいた。子どものうちひとりは夭折し、残り3人のうち二人の幼児は盲目である。妻は4人の子どもを残して病死。妻の死と子供の障害は彼の病気のせいだと言われた。今は、二人目の妻の実家で暮らす。その小屋をたずねると、姉が盲目の女の子の手を引き世話をする横で、盲目の男の子は最近生まれた赤ん坊（異母弟）の顔をまさぐって、口をつまんでは喜んでいた。

（4）夜更け、近所から賛美歌が聞こえることがある。それは天に召される病人がいることを伝える。外に寝かされた重病人のまわりに、近所の少女たちが賛美歌をうたいながら、その賛美歌にさそわれて次々と集まりだす。死の気配をどのように察するのか。賛美歌のなか、たいていの病人は旅立っていく。賛美歌はもうやるべきことはないとき、それでも何かをせざるをえないとき歌になるようである。

まず、ある場面がフィールド経験のなかから切り出される。トゥルカナの人びとと暮らしながら、出来事に遭遇し、相手の個々の背景を知り、エピソードを蓄積しながら理解は進んでいく。（1）から（4）までの知識をそえると、この場面が私に印象深かった意味がわかってくる。その場面で、なぜイクワイタンが賛美歌を歌いだしたのか、私にはわかったような気がしたのである。

3つのエピソードを通じて少しわかったのは、トゥルカナの人びとにとって「その場にいる」ということが重要だということだ。「賛美歌」はなにもできなくても病人と一緒にいることを、2つの〝ねだり〟は断るにしても相手と一緒にいることを教えている。これは相手の窮状にこたえようとする協働原理の基本的な構えにつながっている。

5 共約と共在

民族誌『ド・カモ』でニューカレドニアのメラネシア世界を描いたレーナルト（Leenhardt, 1990/1947）はその時代の人類学者がえてしてそうであったように、宣教師でもあった。同書の「訳者あとがき」（坂井 1990）が紹介する次のエピソードがある。「現地の信者に本当の回心がどれほどあったか」をたずねられたレーナルトは「おそらく、ただひとり」と語ったという。それは自分の回心のことをさす。訳者の坂井信三は「自分の変容だけを語るかぎりにおいて、彼は教義の名の下に他者を裁断してしまう危険をかろうじて回避」（p.362）できたと評している。別稿で同じ箇所を引用して、私は自分には相手から語りだす準備ができていないと述べた（作道 2001）。現時点でも事情は同じである。それは、フィールドワークが自己の変容を通じての他者理解をめざしているからだと考えている。他者の痕跡を自己に見るということである。

「自己の変容」といっても「私は」と自分の事情を語り始めることではない。フィールドでは次々と出来事がおこる。「自己の変容」は、そのなかのなにを出来事としてなにをエピソードとするか、相手の意図や感情をどのようにとらえるか、つまり、フィールドノートに何をどのように書くかということにふくまれている。それは唯我的な記載ではなく、すでに他者が書き込まれている。

ソーダス（Csordas, 2005）は、リクールによって次のように言う。「他者を知覚することは、ものを知覚することとはまったく異なる。というのは、それが2つの主観が同時に〝ともにそこにいる〟(co-positing)という特徴をもつからである」(p.128)。「……私たちは同じようである。すべての他者は私のようである。すべての他者がちょうど私がそうであるようなエゴであるという意味で、そうなのである」。このアナロジーによって私は他者知覚を記述できるのである。

メルロ＝ポンティによって、ソーダスはこのような主観が共在する場の経験を間身体性とよぶ。より具体的に身体に即して、菅原(2004)は次のように述べている。間身体性とは「身体は、見／見られ、触れ／触れられ……る存在として、他の身体が共に属するこの「世界」と交わり絡みあっている。この交わりあい＝絡みあいから共通の知覚のしかた、感じかた、そしてふるまいかたが生まれる。このような「共通のセンス」によって充満した場、あるいは個々の身体や意識に還元することのできない前＝言語的な現実」(p.123)とした。

西村(2007)は同僚とふたりで、街頭で経験した緊急事態を描いている。そこでは、人びとは自然に事態の一員としてふるまっていた。紹介しよう。

「(居合わせた別の医療関係者)と視線を交わしつつ頷き合った。次に行うべきことを互いに確認したのである。〈改行〉……その女の子の体に、上方からストールのようなものが落とされた。「使ってください」という声が聞こえる。……私の隣では、「救急車を呼びましたから」という声に、「ありがとうございます」と同僚が……その他の医療関係者も、女の子が倒れるところを見ていた人に、そのときの状況を聞いて……〈改行〉気がつくと、横たわっている女の子の周りでは、……医療従事者と、……いわゆる野次馬が、言葉を交わしはじめていた。……なにかできるわけではないが、その場を離れることもできないようだった。……彼らなりに、できることを探していたのである」。

西村は、ここに「〈病い〉に出会った際のこのような志向性に、〈病むこと〉に対する私たちの姿勢」を見ている。専門家ももちろん、ふつうの人びとも病人を気遣いある位置をとっている。役割や義務でそうするのではない。そうするのが自然な、そうしないとしっくりこない位置をとっている。これは意識的な学習で習得されたのではなく、身近な相手との濃密な交流をもって身についたものである。先の場面にいれば、私もそのなかの誰かのようにしただろう。

「賛美歌」の例にもどると、私が「泣きそうに」なったのは、マラリアの女性や濁声のイクワイタン個々人ではなく、それらの人びとと私とでかもしだすその場の雰囲気や感覚を理解しはじめていたということではないだろうか。そのようなアナロジーやセンスは検証できない。そのなかでは、つつがなく過ごしている事実が、相互行為を続けることが、相互理解の証拠である。この場合の〝理解〟とは、「あなたはこのような人だ」と面と向かって言って、相手に「そのとおりだ」といわれることではない。人びとの相互行為をとめることはできないからであるし、言葉にすると別物になってしまうからである。[1]

以上のように考えると、フィールドワークでは住み込んだ時間が重視されるわけもわかる。それは情報や知識が蓄積されるためだけではなく、通常言語化されない共通のセンスを養う時間なのである。調査者は、調査の時間だけ一緒にいるのではないから、さまざまな存在として扱われることにもなる。たとえば、ねだりに応える援助者、雇用主、友人、家族などである。その扱いの多様性がセンスをつくる。相手の日常生活に組み込まれ、容赦ないつきあいがなされることで、調査は相手とセンスでつながる。もちろん、とんでもない勘違いをしている可能性もある。フィールドノートは、このようなセンスのずれによる「気がかり」を記したものである。[2]

6　インタビューのなかのダイナミズム

1章、2章の基幹論文を手がかりに、フィールドワークにひきつけて「共約」を考えてきた。住み込み型のフィールドワークは、その目的に、相手といることで発達する「センス」「感覚」を身体化することが暗黙のうちに含まれている。センスは相手との持続的な（日常的な）相互行為のなかで培われる。それは言葉で明示されない。一緒にいるなかで気づかれるものである。「共約」が問題になるには調査者と協力者のあいだで、現実を描く図（語り）を見せあうことが想定されている。その意味では、このフィールドワークは、いまだに一方通行的である。これを続けて行けば、共約状態に到達できるのかどうかはわからない。私は、共約をめざすまえに、共在することで相手を理解しようとしているのである。

フィールドワークは、相手との出会いをもとにしたシンプルな方法である。いくら複雑な分析をほどこしても、元になるデータは「人と出会った」というだけである。語りは語りとしてあったのではなく、ある場面で歴史性をもった存在同士が語り合った記録である。その語りは語り手がこれまで自明視してきた、さまざまな相手と培ってきた、いま新たな聞き手をまえに発現するセンスに裏付けられている。その現場を離れれば離れるほど、相手も私も抽象的なカテゴリーになってしまう。その意味で、前述したフィールドワークの定義の前半部分が重要なのである。遠藤（2006）は質的心理学に「個の完全性（個別性）を保つ」分析を期待した。それは共在のセンスに立ち戻ったところから生まれると私は考えている。

注

［1］「検証できない」ということは〝誤解〟もありうることになる。しかし、私たちは誤解に気づくことなく、つつがなく暮らしている。このずれた相互行為を理解するにはスペルベルとウイルソンのコミュニケーションの推論モデル（Sperber & Wilson, 1999/1995）が参考になる。彼らはある発話を理解するときに、共通の暗号表（コード）をもたずとも、相手に伝達意図を認めるとコミュニケーションは成立するとした。そこに「メアリーとピーターのドライヤーの例」がある。かなり翻案すると、次のようになる。メアリーとピーターは一緒に暮らしている。ある日、ピーターが帰宅

すると、テーブルの上に分解したドライヤーとねじ回しが置いてある。ピーターは「これはメアリーが故障したドライヤーを直そうとして、できなかったから、ぼくに直すようにといっているのだな」と考え、ねじ回しを手にとった。そこに、２階からメアリーがおりてきて、「あら、ピーター、直してくれているの？」と声をかけた。メアリーはあからさまに修理を頼むのがいやだったのかもしれない。ただ修理に疲れて2階で休んでいただけかもしれない。だが、ピーターが修理しているのを見て、自分の隠れた動機に気がついたのかもしれない。そして、当初からそのつもりだったと思い直したかもしれない。少なくともピーターはメアリーの意図を修理依頼ととらえていた。相手が何かを伝達したがっていると認知するだけで推論が始まり、コミュニケーションが成立する。このコミュニケーションでは、正しく伝わったかどうかという問いが意味をなさない。日常生活の大半はこのような推論（と〝誤解〟）で成り立っている。ピーターとメアリーが互いにどのような推論をしようとも、ドライヤーは直り、ふたりは仲良く暮らしたのだから問題はないのである。このエピソードは「親切なピーター」と語られるかもしれない（まちがいではない）。フィールドワークは語りの内容とともに、このような語りを生み出す、日常実践をとらえることを目標にしている。

［2］フィールドワークを先導するのは「気がかり」である。ちょっとした出来事が印象深く感じられることがある。たとえば、エトットの８歳の娘がエトットにまとわりついていた。その甘え方とエトットの構い方が気になった。その年齢の娘が父に甘えるのはめずらしかった。すると、その夜、その娘は「心臓をとりもどす」儀礼をうけた。やはり娘の様子は寄る辺ない不安を表していたのだ。

この場合、私は娘と父のいつもの関係とはちがった様子を感じていた。このような「気づき」は必ず事件や出来事を引き起こす前兆である。私はフィールドを「伏線社会」とよんでいる。西村（前掲書）は、特定の患者への「気がかり」が病者と看護者の偶発的出会いによって生じ、それがケアへの洞察を深めることを指摘した。

7章　連鎖するプロセス

八ッ塚一郎・川野健治

1　「共約」と「幻想」の背景

1章、2章の基幹論文のいささか乱暴な問いかけに対し、それを受けとめるだけでなく、精密な議論を踏まえてさらに視野を広げる各章を寄稿いただいた。当初の企画趣旨を大きく超えて、質的心理学の可能性と課題、具体的な思考と方法への提案をいただけたと考えている。本章ではあらためて企画の背景を補足し、本書に通底するモチーフとコントラストを整理して、さらなる討論のための足場を設けておきたい。

まず、本書タイトルの「共約幻想」という語に即して、本書の企図の背景をあらためて整理しておく。立案にあたって編者の念頭にあったのは次のようなイメージであった。

「共約不可能性（通約不可能性、incommensurability）」という概念は、古代ギリシアの数学に由来する。端的に言えば、共通の尺度をもち、割り切れる関係にある数のことを、共約可能な関係にあると呼ぶ。たとえば、1と2というふたつの整数は、共通の尺度1によって割り切れる。

一方、辺の長さ1の正方形を考えると、辺と対角線は共約不可能な関係にある。対角線は無理数$\sqrt{2}$であり、1を尺度として対角線の長さをあらわすことはできない。共通の尺度を持たないため、両者は共約不可能な関係と呼ばれる。

数の歴史に置き換えると、1や2といった有理数によって、世界を割り切り、記述することがいったんはできるようになった。ところが、まさにその途端、対角線というかたちで、決して割り切れず共約できない数、同じやり方では記述しようのない数が出現した。この未知なる数を、無理数として記述し取り込むことで、両者を包含する実数という新たな概念が生まれる。しかし次には、実数に含まれない虚数という領域が見出され、数の概念はさらに拡張していく。

編者が質的心理学へと仮託したのは、これと類比したイメージである。フィールドや協力者を理解し記述しようとする質的心理学の営みも、記述できず理解できない謎をそのたびに生み出しているのではないか。理解し記述しようとする営み自体が、理解し記述すべき新たな謎を、絶え間なくつくりだす。むしろこの絶え間ないプロセスこそが、研究の必然的な過程であり、方法的な規準ともなるのではないか。共約という語に、まずはこのような問題意識を重ね合わせてみた。

共約不可能性の概念は、クーンのパラダイム論でさらに重要な位置づけを付与される。パラダイムとは、時代を画する専門的な科学知識の中で共有されている、概念や方法、背景となる考え方などの総体、大まかに言えば、科学理論の大きな基本枠組みのようなものに相当する。あるパラダイムは、前の時代の支配的なパラダイムとは共約不可能な関係にある。たとえば、ニュートン力学における時間と空間のとらえ方と、アインシュタインの相対性理論におけるそれとは、共通の尺度で優劣や進度を比較できず、両者の間にはおおきな断絶があるとされる。

パラダイムに類するものは、私たちの生活経験も大きく規定しているように見える。個々の社会集団やその慣習、言語などによって担われ、固有の歴史的経緯をもったパラダイムに類するものが、人々の認識や行動を規定している。「共通の枠組みをもたないため、理解を完全に共有できない」(p.9) ような経験や事態は、私たちの日常の至るところにも存在し、社会問題を作り出している。これらの事態にきめ細かく接近するために、質的心理学という新たな学科が待望されたともいえる。

しかしそうだとすると、質的心理学そのものが大きな謎である。共通の尺度を持たない異質なパラダイムに接近し、それを記述することは、そもそも不可能ということになる。だが、私たちは現に謎へと接近しているし、絶えずその記述を試みている。それが私たちの誤解や錯覚ではなく、何かの達成であるためには、何が必要なのだろうか。私たちは、質的心理学の名のもとに、何を遂行していることになるのだろうか。

「幻想」という語には、このような謎が託されている。幻想とは、一方では「あり得ない」「不可能」なものである。共約の関係が成立し、理解と記述が成し遂げられることは、困難でおよそ奇跡のようにも見える。しかし他方で、それゆえにこそ幻想は夢のように人を「駆り立て」「導く」

し、幻想を通してはじめてかいま見られる事態もあるだろう。

幻想という語には次のような対立もある。絶え間ない対話のプロセスを通じて、私たちは、「わかった気になる」「わかったことにしてしまう」という幻想に陥るかもしれない。他面、新たな理解の領域へと進むとき、私たちは、研究者としての自分のアイデンティティすら幻のごとく変容させているのかもしれない。

互いに浸透し交錯する論点を、1章、2章の基幹論文では対照的な関心と語り口に寄せて表現している。1章で「やぎさんゆうびん」になぞらえて検討されているのは、ジンメルを導きの糸とした、近代のあり方とその帰結である。「秘密」を内包した「自己」という近代的な設定そのものが、理解したいという欲求を駆り立てる。従来の量的方法ではそれをくみ尽くせないという切迫感が、理解への「オーバーラン」（p.8）傾向を内包させた質的研究を生み出す。ならば、絶え間なく連鎖する対話のプロセスは質的心理学の宿命である。そのとき、協力者にとって共犯ともなり得る研究者という主体はいったい何か。

この問いかけに対し、2章ではパーカーの論考に依拠しながら、ラディカルな自問を繰り返し、理解できたという幻想を疑い続ける存在としての研究者像を提示する。あえて共約の不可能性を強調し、むしろ能動的に「了解不能点」（p.26）を喚起し続けることで、新たな意味を生成することが研究のプロセスである。理論とはそのための道具であり、発問や記述の仕方を具体的に提示する。ここからさらに、研究者というアイデンティティの揺らぎや拡散こそが質的心理学を特徴づけるのではないかという問いが導き出される。

2 「物語り」とフィールドの両義性

3章～6章の各論文は、それぞれのフィールドの詳細と思索を踏まえながら、1章、2章の基幹論文の問いを極限まで拡張し、さらに逆照射している。

大きく整理するなら、3章～6章は「共約不可能性」をめぐる対立軸に沿って2つのグループに分けられる。一方には、共約不可能性、ないしパラダイム間の相克を正面から受け止め、その克服と理解の進展をめざすアプローチがある。その対極には、フィールドのなかで理解の可能性が開かれていく奇跡のようなプロセスに定位し、そこから共約不可能性とその背景を照射するアプローチがある。ただし両者のアプローチは背反しあうものではなく、それぞれの議論は互いに浸透しあい、研究者という主体の見直しと変化というモチーフを共有している。

さしあたって前者、共約不可能性に真っ向から対峙し隘路を切り開くアプローチに相当するのが、4章と5章である。

4章では、記憶と体験の共約不可能性が、自白された記憶の認定と共約という問題として、裁判と司法の「フィールド」で真正面から取り扱われている。法と裁判という強固なパラダイムの世界と格闘する中で、著者は古典的実験研究、さらに社会文化的アプローチを批判的に検討し克服していく。それは、「少年探偵団」(p.70) などとアイデンティティを文字通り問われながら、心理学者にしかできない貢献の方法を探り出していく自伝的道筋ともなっている。

供述者の語りに寄り添い、「語りの文体」(p.72) や身体の微細なゆらぎにまで目を配るために、精緻な実験的手法があらためて召還され、スキーマアプローチとして展開される。この逆説的なプロセスは、言語行為だけに内閉した社会文化的アプローチの偏りを指摘し克服するという点でも、質的心理学にとって示唆的である。

5章は、医療過誤裁判を軸とした紛争事例へのアプローチである。ここでは、医療者側の論理や思考と、予期せぬ被害と悲嘆のうちに突然置かれた人々の、相容れない対立、いわばパラダイムの相克が正面から扱われていると言ってよい。

ナラティヴの対立という図式のもと、それぞれの成り立ちをたどる議論は、当事者の「自己内部での物語」(p.93) そのもののうちに、すでに共約不能な分裂があることを見出していく。紛争交渉の過程は、単なる情報交換ではなく、矛盾を孕んだナラティヴ同士が揺らぎ浸透するプロセスであり、共約不能な対話に内在し媒介する「メディエーション」(p.99) の重要性が指摘される。

中立的な研究者というあり方の虚構性、権力性が、ここでは反省的に検討される。それは反省のための反省ではなく、共約不可能性に接近するための実践的な要請であり、具体的な研究方法でもあるだろう。

4章、5章はいずれも、法と裁判、利害と言説の対立という、緊迫した社会的課題の中で、共約不可能性と理解の困難を克服しようとしている。両者とも、研究者としての自己のあり方の見直しと変容を、いわば論理的な必然として含んでいることは興味深い。

また4章、5章はそれぞれが、法と裁判、あるいは科学と実験室実験といった、いわば近代の強大なパラダイムの世界を舞台にしているともいえる。そのなかで、物語る個の身体を尊重し、その揺らぎや分裂といった精緻で微細な要素の重要性を強調している点も共通するポイントと言ってよい。

一方、後者のアプローチ、フィールドのなかで理解の可能性が開かれるプロセスに身を置いて、共約不可能性の背景を照らし出しているのが、3章と6章である。

3章は、看護する経験の「語り継ぎ」(p.50) を通して、いわば共約という不思議が成り立っていくプロセスを、語りの生成場面に定位してきめ細かに追跡している。体験の語りが次なる語りを触発し、さらにエピソードを引き出す過程が、メルロ=ポンティに依拠しながら検討される。意識し語ることの以前に、身体はすでに特定の構えを志向し、メッセージを発し受け取っていることが、具体的な言説のなかで証し立てられている。

「理解の主体を一人に限定できないことが、理解そのものを成り立たせていたのかもしれない」(p.54)。この問いかけは、「理解し共約する主体」を暗黙裏に想定する私たちの姿勢こそが、共約不可能性の遠因ではないかというさらなる問いを喚起する。逆に、著者自身を含めた「看護する共同体」とでもいうべき身体の連なりを通して物語り記述する、新たな学術文体をここに読み取ることもできるだろう。

6章では、フィールドにおける齟齬や葛藤と見えるものが、それを経験する研究者自らの心象と響き合い、さらに言語化しがたい多数のディテールを補いつつ検討されていく。ここでは、トゥルカナとの共約不可能性や断絶といった問題は、そもそも問いとして焦点化しない。その以前に、「容赦ないつきあい」(p.119)のなかで共在することが、否応のない変化と発見を著者にもたらす。

現場に身を置く営みとしてのフィールドワークとは、そのプロセスの中で、「自己の変容を通じての他者理解」(p.116)をめざす営みだったという洞察が、著者自身をキャンバスとして描き出される。言い換えると、理解し共約しようとする「わたし」をどこかに温存することが、共約不可能性という難問を出現させていたのかもしれない。しかし共約の前に「共在」がなされないと、そうした問いを発する途さえ閉ざされてしまうことになる。

3章、6章に共通点を見出そうとしてきたが、これはあまりよい読み方ではないかもしれない。たとえば、看取りの夜に残った新人看護師の姿、あるいは、砂埃の砂漠でしみいる賛美歌の響きなど、著者、そして読む者を重ね巻き込むエピソードをめぐって、さらに検討が深められるべきである。

他方で、入れ子のような引用関係にも見られるように、3章、6章がモチーフを共有していることも間違いない。それは、共約を論じる前提に、共在、あるいは語りの連鎖が不可欠であるというモチーフである。同時に、共在や連鎖というつながりは決して絶対視されず、常に断絶やゆらぎを抱えたものとして描き出される。このように考えてきたとき、モチーフは本書全体に共有されるものでもあったことが明らかになる。

3　幻想と科学——質的心理学の再発見

あらためて本書全体に通底する問題意識と、互いの相違とを整理する。その前提として、大きな背景をなしている、質的心理学にとってのフィールドのあり方、その相違を考えておく。

4章と5章は、パラダイムの対立と共約不可能性に正面から対峙した研究であり実践となっている。これはそのままフィールドのあり方に対応している。4章と5章のフィールドは、法と裁判の世界、あるいは、くまなく言語によって記述され、真実と偽り、利害と葛藤が明確に規定される近代的な世界であると言えるだろう。

それに対し、3章と6章では、言語化しがたい領域、たとえば経験知や技芸、慣習や身体的相互作用に多くの比重が置かれた領域が、研究と実践のフィールドとなっている。「フィールド」と呼ばれるもののなかに、すでに相違と分裂があるという視点は、質的研究のあり方やその評価を考えるうえでも重要と思われる。

しかし、このような相違にもかかわらず、本書全体に通底する問題意識、あるいはアプローチの特徴を見出すことができる。それは何より、研究者という主体、研究者という自己のあり方に対する問い直し、変容が、研究活動にとって不可避のプロセスとして織り込まれているという点である。共約の関係をつくりだすことは、まずもって、研究する自己の変容としてある。

ただし、そのためのアプローチには大きなバリエーションがある。4章では、研究方法論の放棄を含む見直しや再発見というダイナミックなプロセスを、研究者自らが体現していた。5章では、中立性という公準の見直しと、メディエーターに象徴される異質な存在の導入が提案された。3章では、語り手自らが身体と語りの連鎖のうちに溶け込み、体験を継承する姿が描き出された。6章では、容赦ない共在の積み重ねを通して、研究者の世界が開かれていくプロセスが示された。

当然ながら、これらの方法は問題とフィールドによって選択される。むしろ、フィールドの側、研究協力者の側から、方法とその変容を要求される、というほうが正確であるかもしれない。研究の方法や視点を「事象である語りの方が強いてくる」(p.34) のも、本書全体に共通するポイントであった。

最後に、本書から派生するさらなる課題について3点を挙げる。

第一は、テーマとしての身体性という問題である。本書の各章は、共約不可能性を超え出るための媒体、あるいは、語りの連鎖を支える共在の基盤として、いずれも身体に着目していた。本源的に共在し、他の身体と連鎖するものとしての身体、あり方としての身体性というテーマが、質的心理学全体としてともに検討すべき新たな課題となっている。

第二は、方法をめぐる問題、特に物語りを記述する仕方、フィールドノートの作成から理論的検討までをつらぬく記述という問題である。本書では、

・身体と語りのゆらぎに対する実験を含んだ記述（4章）
・異なるアクターおよびアクター内部の断絶とゆらぎの記述（5章）
・主体を特定せず集合的に連鎖する記述（3章）
・フィールドにおける気がかりの記述（6章）

など、多様な記述の観点や方法、試みが提示された。フィールドに即した記述のあり方、フィールド経験が要求する記述のあり方など、記述という問題を自覚的に検討し共有することも、質的心理学のさらなる課題といえる。

第三は、上記のポイントから派生する、科学としての質的心理学という問題である。質的研究は量的研究に比べて科学的でない、という思い込みは根強い。しかし、研究者自身のあり方を常に問い直し、フィールドと問題に即してアプローチを選択するという点から言えば、質的研究のあり方こそ、真に科学的であるとも言える。3章～6章の各論文もまた、対象に内在し、方法を選択し、研究者自身のあり方をリフレクティヴに省みる、その根底の構えにおいて、同じ科学性を共有していると言えるであろう。

むろん、ここでの科学性は、自然科学や量的研究におけるそれとは異なる意味で構想されなく

てはならない。たとえば、質的心理学の科学性は、「幻想」を不可欠の契機として含んでいるのかもしれない。物語りという営み自体、研究協力者と研究者との、密接不可分な結びつきを前提としている。あるいは、錯綜し変容し続ける物語りを、記述したい、いや記述できると確信していること自体が、ひとつの強靱な幻想であるとも言える。物語りというきわめて人間的な現象を扱う研究者は、すでにして何らかの幻想に魅了されているのかもしれない。

しかしそれゆえにこそ、質的心理学は、研究者としてのあり方への反省、絶え間ない方法の見直し、記述するという営みの自覚と対象化等々を、研究プロセスの中に明確に織り込んでおかなくてはならない。というよりも、それについての議論を通して、質的研究における科学性や評価基準を設定し直し、共有する必要がある。質的心理学という学問領域のアイデンティティを見直し、科学としてのあり方を問い直す視点をも、本書の各論文は示している。

8章　問題の再提起とリプライ

本書『物語りと共約幻想』所収の論文に対して、4本の意見論文をお寄せいただいた。その数は編者の予想を嬉しくも超えるものであり、また内容は、1章・2章の基幹論文から始まった本書の対話をさらに深く、興味深い道へと導いてくれるものである。本書の対話空間は後に示すように、いまや複数の場を巻き込み多様な声を響かせている。この状況そのものが、本書がひとまず経由すべき帰結ではないだろうか。このことをお伝えするのが、本章の主たる狙いである。

共約可能性の共約不可能性

山本登志哉

1　本書テーマの素朴な読み取り

共約可能性と不可能性というテーマをめぐる各章を読み、私なりに論点を咀嚼してみる。

私は相手のことを理解できる（共約可能）だろうか。それとも他人の理解など私の幻想（共約不可能）だろうか。同じように、他人は私のことを理解してくれる（共約可能）だろうか。それともそれもやはり幻想としてしか成り立たないもの（共約不可能）だろうか。

素朴に考えて、私が日常を普通に生きているときに、共約不可能性を大前提として自他間のコミュニケーション実践（自分が他者に、他者が自分に、あるいは自分が自分に、語る、聞く、書く、読む）を行うことはまずない。現にこの文章を書きながら、読者にそれが全く意味のないインクの染みにしか見えない、とは私は思っていない。かといって私が言いたいことがそのまま読者と共有されるとも思わない。そもそも自分が書きつつあるこの言葉が私の思いのどれほどの部分を表し得ているのかも正直なところ分からない。

素朴に考えて、あることについての自分の感じ方や考え方が、どのような時にもどのような場合にも一切揺るがない単一のものとして成立する、ということは想像できない。仮にある時に自信満々に「間違いない」と思ったことでも、次の時にがたがたと揺らいでしまうことがある。「これは当然」と思って相手に語ったことが、相手からの一言でいとも簡単に崩れ去ることもある。

ましてやこの複雑怪奇な世界に向き合う中で、「こういう見方もあるが、別の見方もある」「私はこう見るが、彼はそう見ないだろう」という思いを抱くことは別に珍しいことではない。私は結局自分自身の中にも、人との間でも、常に揺れ動く多様な思いを抱え込み、それらに何らかの形で時々に優劣をつけ、選択を行い、その都度の実践を行っているに過ぎない。

そのような多様な力、多様な要素、多様な視点を含み込みながら揺れ動く自他コミュニケーションの中で、ある時そこに「共約可能性」が、あるいは逆に「共約不可能性」がことさらに意識され、そしてそのように意識されることがまた再帰的にコミュニケーション実践の中に投げ返されて実践に影響し、次なる実践を駆動する力のひとつとなる。

自分自身の自他コミュニケーションの在り方を素朴に見返してみるとき、私には共約可能性と不可能性の問題は、そういう動的なコミュニケーション実践の中に時折意識されて再帰的に自分自身に影響する、事態の「見え方」の問題と思える。[1]それを何かしら二者択一の固定的な状態と見れば、突き詰めれば近代的な自他二元論の物象化的アポリアにたどり着き、出口のない疑似問題を生み出すだけだと思える。[2]それはあくまで世界の中に投げ出されて存在し、何らかの意味で世界の中で常に当事者として実践活動の中にある者同士の、コミュニケーション実践の中の出来事の一部であって、それ以上でもそれ以下でもない。研究者としての私もそのような実践当事者の一員でしかない。

もしこのような素朴な理解が許されるのであれば、問題は共約可能性を一般的に問うことではなく、どのような場合にどのような共約可能性が現れ、どのような場合に不可能性が意識され、そのことがコミュニケーション実践にどういう意味を持つのか、という問いへとシフトする。[3]この視点から見たとき、各執筆者の論考は私にはどのように見えるだろうか。

2　各章の実践的な位置

6章（作道）の「調査者と協力者の関係について意識が低いことを意味しているのかも知れない」という言葉は、一見上記の問いの外に著者の研究があるようにも読める。だが実はそれ自体研究者の記述のコミュニケーション実践としての性格をよく表している。即ち作道の研究の語りは、協力者とのコミュニケーション実践にではなく、同業研究者や、協力者には無関係な文化的他者である読者に向けられた実践であり、そこに成立する共約性が重視されることをこの語りは含意している。この共約の構造は文化研究の多数に共有されるスタイルと言える。だがここに研究者と協力者の間の共約不可能性を視点に組み込むとき、文化研究はまた全く違った質のコミュニケーション実践としての様相を呈するようにもなる（呉 2011; 山本・姜 2011）。そこで文化理解は共約可能性と不可能性の間を揺れ動く、相互的でダイナミックな終わりのない対話的コミュニケーション実践過程として位置づけ直される。

3章（西村）の議論は、自らが協力者のコミュニケーションを外部から枠づけ、同時に協力者と「看護師」の実践的な視座を共有しつつ協力者間のコミュニケーション実践に巻き込まれ、その運動を分析し、またその成果を現場に投げ返そうとする点で作道と異なる。そこでは他者に媒介されながら、自らの看護実践の意味を自他にとって共約可能な形に語り直そうとする運動が見いだされる。看護師と遺家族の間には実は大きな共約不可能性が存在し、それが看護師の語り合いを駆動しているように思えるが、この研究が目指すのは共約性の成就の側面であろう。なぜそうなのか？　なにがそのような著者の視点を方向づけるのか。それは研究者が協力者との間で生み出そうとしているコミュニケーション実践（研究）の在り方に規定されており、このこともまた研究者の記述の本質的な実践的性格を表す例と思える。

共約不可能性のもたらす実践的・理論的ダイナミズムを最も強く意識させられるのは5章（和田）の議論であろう。高木（2011）も法廷におけるディスコミュニケーションの分析で明らかにしているように、共約は権力的な抑圧ですらありうることが暴露される。ここで和田が研究者の実践的位置に極めて自覚的であることは必然であろう。和田は共約性と共約不可能性の間を多重に揺れ動くコミュニケーション実践の渦中に巻き込まれることを抜きに現象に迫ることはできず、その連動を研究として語るには、共約不可能性を抱えつつそれを語る自らの位置を他の研究者と共約可能にしておく必要があるからである（山本・姜 2011）。

4章（森）は「共約」が任意に設定されうるとする相対主義の泥沼から共約可能性を救いだそうとする。もちろん森は実証主義的実験心理学の「共約性」に先祖返りするのではない。言語的に意識化され、相対化される語りの意味内容以前の、無自覚な個性的身体的運動パターンとでも言うべき語り口＝スキーマに注目することで、恣意性を乗り越えようとする。生理指標による嘘発見器の語り分析版にも喩えられよう。その方法の可能性と限界をここで論ずる余裕はないが、研究者と被研究者（協力者とは書かない）との間に動的な対話的関係を必要としない点で、上記いずれの論考とも一線を画す。被研究者または研究協力者との関係の取り方、あるいは研究者の巻き込まれ方について実践的な性格が異なる両者における「共約性」の持つ意味の違いは何か。改めて検討する価値があるように思える（山本 2007）。

3　小結

かくして共約性を巡る問いは研究者の実践的立場性への問いと一体となり、「共約」の意味もまたその立場性の差を反映する。研究や論文の執筆は、それ自体が共約性と共約不可能性の両契機を不可欠なものとして含む動的なコミュニケーション実践の一過程である（山本・高木 2011，矢守 2009）。故に私の素朴な問いへの答えもまた素朴となる。すなわち、その研究という語りを誰とどのように共有しようとするのか、という実践的な立場性が、実はその共約性と共約不可能性、そして研究の多様な質を規定する大きな要因である。そのことを意識するとき、研究は改めて私たちの生きる世界の中でのその位置を見いだされ、研究者が研究という実践を通して「他者と共に生きる」ということの意味を再確認させるのではないだろうか。

注

［1］ここで「時折意識され」と表現するのは、人間の行為にとって意識を媒介する部分がごく一部の特殊な調整的機能を持つ状態であるという理解を前提としている（山本 2011）。当然コミュニケーション行為も同様である。また「『見え方』の問題」と表現するのも、それが単一主体による恣意的な事象であるということを主張しているわけではない。コミュニケーション行為における『見え方』それ自体は常に共同主観的な制約構造の内に、「個を越えて通用するもの」として現れるからである。山本はそのようにしてあたかも自己に対して外在的に迫り来る物理的実体であるかのように「見え方」が現実に機能することを、機能的実体化（functional substantialization）という概念で表現する（Yamamoto, Takahashi, Sato, Takeo, Oh, & Pian, 2012）。

［2］廣松渉の物象化論を巡る一連の議論からすれば、自然科学の客観的認識を括弧に括ることで現れる「現象」という概念も、結局近代的二元論のアポリア内部に留まる人工的な議論の産物であって、我々がその内に実践主体として共在する世界の共約性をうまく解けない。この点については竹田青嗣との対談（廣松・竹田 1989）が比較的読みやすいかと思われる。

［3］山本と高木（2011）では人間のコミュニケーションを、ディスコミュニケーションを不可避的に含み込む過程として多様な事例を分析し、理論的整理を試みた。またそこで用いられた「拡張された媒介構造（ＥＭＳ）」概念と対話実践としての異文化理解の関係については山本・高橋（Yamamoto & Takahashi 2007）、山本他（Yamamoto, et al., 2012）に論じた。

質的研究という営み、論文という物語り

東村知子

はじめに

本書のテーマ「物語りと共約幻想」は、私自身がこれまで悩み、考え続けてきたことに対して、新たな視点や手がかりを与えてくれた。また、質的心理学に携わる多くの先輩方も私と同じように問題にぶつかり、自分なりの答えを見出そうと模索しているのだということを知り、とても勇気づけられる思いがした。本稿では、質的研究という営みについて、各章に触発されて考えたことを述べてみたい。

1　理解と語りの限界

はじめに確認しておきたいのは、理解は根源的な不可能性を抱えているということである。理解の限界は、研究者と当事者、あるいは5章（和田）の例でいえば医療者と被害者といった、立場の違いによってのみ生じるものではないだろう。「同じ」コミュニティ、「同じ」カテゴリーに

属するとされる人々であっても、互いに理解し合えないということは、当然起こりうる。その原因を別の「違い」に求めるならば、異なる人間である以上、必ず違いは見出されるであろう。つまり、他者の「こころ」を完全に理解することは、まったく同じ人間でないかぎり不可能だということになる（奥村 1998）。ところが、まったく同じ人間であるならば、理解するという営み自体が意味をなさない。他者を完全に理解するとき（それはありえない事態なのだが）、理解するべき他者の「こころ」がそもそも存在しえなくなるのである（奥村 1998）。他者を理解するという営みは、その反作用として理解しえない「秘密」（1章）を生み出し、またそのことによって成立するということができるだろう。

体験やできごとを語るという営みもまた、不可能性を抱えている。4章（森）が指摘する「時間のズレ」と「具体－超越のズレ」という二つの「ずれ」は、このことを指していると思われる。第一に、語りは、体験に対して常に「遅れる」。それゆえ、語り（語られた内容）は、原理的に、語られる体験そのものではありえない。第二に、語りは多くのものを切り捨てることによって成り立つ。麻生（1992）は、観察において「すべてを記録しようとすることは、降り注ぐ雨水をすべて手の平で受け止めようとすることに等しい」と述べているが、このことは、何かを言葉にしようとするすべての営みに共通する困難だといえよう。目の前で起こっているすべてのできごとを語ることはできない。語るという行為は、語りえないことを背景とし、それを隠蔽することによって成り立つものだといえる。

2　研究という営み

前項でみたように、他者を理解すること、体験を語ることとは、本源的に不可能な営みである。このことは、語りを通した他者理解をめざしてきた質的心理学者に、大きな難問を突きつける。さらにいえば、研究という営為の根幹をなす「問いを発する」行為自体が、あるものを切り出すと同時に、そこからはみ出すものやずれを生み出すことになる。先日、離島のあるコミュニティでのフィールドワークに関する興味深い発表を聞く機会があった。研究者たちは、そのコミュニティで長く続いてきたある慣行を調査するためにフィールドに入ったのだが、住民に「なぜそれについてそんなに聞かれるのかわからない」と言われたという。そこで生まれ育った人々にとっては、ある年齢になれば小学校に行くというのとなんら変わるところのない、あたりまえの慣行が、研究者が関心を向けることによって、特別な意味をもって取り出されてくる。そのようにして語られたものは、語られる前のあり方（そういうものが仮にあったとして）との間に何らかのずれを生じさせているであろう。何かについて聞き取ろうとする研究者の行為は、意図せずして、その語られるべき何かをその場で新たに作り上げることになる。フィールドで観察すること、インタビューにおいて聞き取ること、そして得られたデータをまとめ、記述すること——研究者のあらゆる営みが、共約可能な何かを作りあげると同時に、そこに回収されない何かを生み出すのである。

このように述べたからといって，ずれが生じることを否定的に捉えているわけではない。また何かを捉えようとする営みが無意味だと言いたいわけでもない。4章（森）のスキーマアプローチや，2章（八ッ塚）が依拠するパーカー（2008/2005）の「了解不能点」が示しているのは，逆説的であるが，そうしたずれこそが共約可能性を切り開く手がかりとなるということである。ずれが生じることを前提としたうえで，そのずれから何を見出すことができるのか，それが質的研究という営みの核心となるのではないだろうか。研究者は形のないものに形を与え，語りえないものを語ろうとする。「ことばにはならない」とされるものも，ことばによってこそはじめて「発見」されることになる（熊野 2007）。ただし，それは，理解の地平を拡大し，すべてを語り尽くすことを意味しない。むしろ，語りえないものが語られるとき，ナラティヴセラピーにおける「ユニークな結果」（White & Epston, 1992/1990）がクライアントに決定的な変化をもたらすように，そこではある種の飛躍あるいは転換が起こっていると考えたほうがいいように思われる。ずれを，そうした飛躍のためのスプリングボードとすることが重要なのである。

それゆえ，すでに言い古されてきたことであるが，研究者は無色透明の媒体ではありえない。研究者が協力者やフィールドとのあいだに引き起こす摩擦やずれこそが，研究を駆動するからである。6章（作道）が示唆するように，研究者としての自己のあり方や，フィールドでの「共在」のありようが，質的心理学において重要なカギを握るのは，当然の帰結といえるだろう。

3　論文という物語り

最後に、特集ではあまり触れられていなかった一つの点について述べ、問題提起としたい。それは、論文という物語りが生み出す共約不可能性である。研究者は、語りえないものとの格闘のはてに、論文という物語りを紡ぎだそうとする。「一つの物語の成立を示す」（1章）ことなしに、研究者の存在意義はないといっても過言ではない。しかし、論文もまた物語りである以上、何らかの共約不可能性をはらんでいるはずである。

物語の受け手として誰を想定するかによって、どのような物語を語るべきかが決まる。従来の心理学研究においては、研究者コミュニティがあらかじめ受け手として想定されており、物語りとしての論文の成否は、他の心理学者にとってどのような意味があるか、というただ一点によって決まった。それゆえ共約不可能性は生じようがなかった。しかし、質的心理学者が紡ぎだす物語りは、研究者コミュニティにとどまらず、協力者、またそこに描かれている人々と「同じ」フィールドやカテゴリーに属する人々の目に触れることもある。あるいは研究者のほうから、積極的に読んでもらおうとすることもある。共約不可能性が問題として浮かび上がってくる典型的な例は、おそらくこのときであろう。

この問題に対して、私たちはどう向き合えばよいのだろうか。一つの道は、3章（西村）によって示されている。3章において物語る主体は、語り手である協力者と著者を含めた『看護する共同体』とでもいうべき身体の連なり」（7章）である。質的研究は、協力者と研究者との対話や語り継ぎの集積であり、その産物である。しかし、論文という物語りにおいては、通常そのことが隠蔽され、研究者のモノローグと化す。求められているのは、対話を対話として提示する、新たな記述のしかたを生み出すことである。書簡体（伊藤・矢守 2009; 矢守 2009）という形式はその端的な例であるが、必ずしも、共同研究者どうし、あるいは研究者とフィールドの人々との明白なやりとりのかたちをとらなければならないわけではないだろう。私は以前、インタビューを行ってまとめた草稿（当初はこれを論文として投稿するつもりであった）をもとに再度インタビューを行い、そこで明らかになった私自身の理解とインタビュイーの捉え方とのずれに着目することで、共約不可能性を論文に織り込むことを試みた。もとより、こうしたずれを描いた論文も結局は物語りであり、さらなる共約不可能性を生み出すことは避けられないが、このような方法も一つの可能なあり方ではないだろうか。

もう一つの道は、共約不可能性を生み出すこと、ずれを生み出すことこそが、研究者が果たすべき役割なのだというある種の開き直りである。このように言うからといって、どのようなずれでも許容されるわけではもちろんない。フィールドの人々や協力者を可能なかぎり理解しようとすることの副産物として生じるずれだからこそ、意味をもつのであろう。少なくとも、対話の継続やさらなる語り継ぎを可能にする（逆にいえば、対話を終わらせてしまうことのない）ものでなければならないということは、一つの基準になりうるのではないか。

質的研究における「秘密」

荘島幸子

はじめに

『質的心理学フォーラム』第2号の表紙に目を引かれた。くろやぎさんとしろやぎさんに囲われた、特集「物語りと共約幻想」の看板。中で繰り広げられる議論に期待が高まる。予感を裏切らず一つ一つの論文は内容が濃く、どんどん読み進めていきたい逸る気持ちと、言葉の一つ一つをかみ砕きながら丁寧に解読したい気持ちが交錯する。なぜ「共約不可能性(incommensurability)ではなく、「共約幻想(fantasy of commensurability)」なのか。なぜ、「物語」ではなく、「物語り」なのか。なぜ、表紙にくろやぎさんとしろやぎさんがいるのか。まるで謎がちりばめられた仕掛け絵本のようだ、などと思いながらそこかしこの仕掛けをひっぱったり押したりしながら楽しくも興味深く読了した。残念ながらすべての論文を統合して立体的に理解するところまでは到達できていないが、お返事を書きたい衝動に駆られ、ひとまずペンをとることにした。

なかでも、1章(川野)が提起した質的研究における理解と秘密をめぐる論考は、ある1名の人生を追ってインタビューを続けてきた私にとって共鳴する部分が多かった。これまでの質的研究、狭義には語り研究において真正面から「秘密」を扱うことは困難であったように思う。というのも、語り研究を行っている者であればどの立場であったとしても、研究協力者からできるだけ多く、またリアルに、その人の自己の本質に関わる何らかの情報を引き出すことを究極の目標に置くことに変わりはない（遠藤 2006）からである。もちろん語り研究者の作法として、「研究協力者は回答の容器ではない」ことを前提に置きながら、である。仮にインタビュー場面で多くを語らない協力者を前にしたならば、私たちは途方に暮れ、分析対象者から外すという選択を取るのではないだろうか（テーマや分析方法にもよるだろうが）。それは私たちが研究者だからこそより説明力のある結果を得たいという達成動機と、１人の人間だからこそ研究協力者と相互に理解しあいたいという親和動機に駆られる存在であるためでもある。語りの共同生成、対話、ポリフォニーといった概念は、語り研究に厚みを持たせる魅力的な概念であることは間違いない。しかし一方で、そういった概念を多用することで私たちは真っ向から語り手の「秘密」を扱うことを避けてきたのではないだろうか。

1　秘密と理解

川野は自死遺族の方とのインタビューに際して、「記憶にない（＝秘密）」という語りに直面している。そして「記憶にない」という遺族の語りに踏み込めなかった自身のあり様を分析し「封筒だけを見せてもらい、中身を目にしなかった」者の振る舞いとして説明づけた。「ここで分析の焦点を、語りの中身ではなく、『記憶がないことも含めた語り方』にあてることで重要な点が理解できた」とさらっと記述しているが、川野自身が「記憶にない」語りのやりとりのなかで揺さぶられたからこそ、このような転換が起き得たように思われる。他の論文にも通ずるが、他者理解には自己の変容が伴うことに改めて気付かされた。「互いに理解しあっているだろう」という共約幻想が打ち破られたときに、他者理解への潜在的な道が開かれるとは、人間関係はとかく一筋縄にいかないものなのだろう。逆説的だが、私たちは共約幻想という安定した世界が崩れていく様をつぶさに記述していく必要があるのだと思う。しかし、崩壊はいかにして再生、再創造へと向かうのか。本書にはそのヒントがいくつか呈示されていたが、私自身はまだ明確な言葉を持ち得ていない。想像の域をでないが、私たちは互いに理解の「オーバーラン」(p.8) あるいは理解が手前で止まる「アンダーラン」を繰り返しながら、他者とのいい塩梅の距離感(秘密/理解)を刻々と模索しているのではないか。

話が飛びすぎてしまったようだ。今一度、1章(川野)で提起された「秘密」を順を追ってみていく。ここでの「秘密」は、「自分の恥ずかしい習癖、犯罪歴、性的嗜好」(p.4) といった個人のプライバシーの範疇にとどまるものではない。こういった情報は、個人内で他人に晒すべき情報ではない(ある状況下では話してもＯＫ)と明確に線引きされている類の秘密である。そうではなく（あるいはそれも含め）、ここで取り組むべき「秘密」とは「単純に線引きされるものではなくプロセスのなかで定まるもの」（p.12）である。言い換えると、「秘密」は他者との相互関係、相互交流プロセスのなかで姿があらわれたり、隠れたりする。これははたしてどういった事態なのだろうか。正確に理解しているとは思えないが、この「秘密」の特性から連想した筆者の経験を語らせてもらいたい。

2　秘密をめぐるコミュニケーション

かつて私は、性別違和を抱える1人の方に継続してインタビューを行っていたことがある（湧井 2006; 荘島 2008）。あるとき、その方から「君（筆者）を題材にした小説を書いている」と思いもかけない言葉をかけられた。それまで語り手だった彼は書き手となり、私は書かれるほうへと立場を変えた。1年ほどして彼から手渡された小説（未刊行）のなかで、私は〝大学で修士論文に取り組むミノリ〟となって現れ、主人公の〝ぼく〟にインタビューをしていた。〝ぼく〟はミノリに向かって叫ぶ。「ぼくは犬ですか？　それとも哀れなウサギですか？　誰が彼らをぼくの親としたんですか？　ぼくの母は狂っているんですか？　ぼくの父は？　ぼくは？　彼らはぼくを愛するの？　誰がぼくを愛してくれるの？　ミドリ（筆者注：ミドリは〝ぼく〟の大学の知り合い）がぼくを愛するの？　ぼくは何を信じるの？　君にはわかるまい。君はぼくを観察して、ぼくを分析して、好き勝手に発表でもなんでもすればいい。君にとってぼくはなんだ？　君はぼくを愛してくれるの？」。この一節を読んで、頭をガーンと殴られたような気がした。彼と私は、現実の世界で良好な関係を築いていたはずだった。いや、今この瞬間もそうであるはずだ。小説の中の〝ぼく〟は現実世界の彼とは限らないではないか、と焦りながら意味のない言葉がぐるぐると頭を駆け巡る。私はこの小説をどう受け取って、彼とどんな関係を続けていくべきなのだろうか？　……分からない。返す言葉をみつけることができずに、関係の中で置き去りにされた私は、このとき初めて彼と同じ地平に立つことができたようにも感じた。あるいはニーチェのように「深淵（秘密を持っている〝ぼく〟）を覗きこんだら、深淵もまたこちらを見ていた」のほうが近いだろうか。

「記憶にない」という言葉が「中身を開きたくはないけれど、決して捨て去ることもできない大切な手紙」（川野 2008）であるとすれば、彼から手渡された小説は「しっかりのりづけされていた封筒の中身をちらりと見せてもらった」ということになるだろうか。それも「秘密」はそのままの状態で受け渡されたのではなく、小説という別の表象となって筆者のもとに届いた。このように「秘密」は語り手の内部で明確に線引きされているのではなく、語り手と聞き手の相互交流プロセスのなかで調整され、さまざまに姿かたちを変えつつ定まってくるものである。さらに「秘密」をめぐるコミュニケーションを通じて、私が実感した痛みがそれまでとは次元の異なる他者理解、そして関係性へと導くのである。研究者としては、彼がちらりと見せてくれた「秘密（研究への真摯な態度や知識）」（p.13）を受け止め、一つの物語を表すことで研究者の任務を果たす責任があるだろう。これが、1章（川野）でいわんとしていることを筆者なりに理解した道筋である。

3　おわりに

川野は「研究協力者との不断の交流を続けるなかで、理解と秘密の関係を問い直し続けるべきではないか」（p.13）と続ける。やぎさんゆうびんのやりとりは、いつまで続くのだろうか。論文の最後に引用されていたギリシャ神話のシシュホスの岩は永久の罰であり、果てしない徒労を意味する。私たちの仕事もやはり徒労に終わるのだろうか。シシュホスと研究者が異なる点は、私たちがお付き合いするのは岩ではなく、血の通った人だということである。やぎさんたちだって、途中で「なんでおてがみ食べちゃうの？」と相手に迫るかもしれない。安定した世界が崩れ始めた時、そこに新たな物語りの展開が待ち受けている。同じように、「研究協力者のいやがる内容についてインタビューしたくないという、ごく単純な回避ではなかったのか？」（p.12）という自問が始まったとき、別の物語りの萌芽がみえる気がする。わたしとあなたの間で繰り広げられる物語りの展開をしかと見届け、責任をもって誠実に相応答し、記述していくことに質的研究者としての主体性があるのではないか。研究という営為が決して徒労に終わることのないように。

質的心理学における共約不可能性の意義

綾城初穂

はじめに

本稿は、本書の議論を踏まえ、質的心理学における共約不可能性の積極的な意義について論じるものである。共約不可能性の意義については2章（八ッ塚）や5章（和田）も論じているが、本稿ではまた別の視点から論じたいと考えている。ただ、各章に対する筆者の拙い理解がそれこそ共約不可能性を生みださないよう、はじめに「共約幻想」という用語について筆者なりに整理してから本稿を始めさせていただきたい。

まず共約であるが、これは「こちら側」と「あちら側」[1]がある物事を理解する上での共通枠組みを持つことである。互いに分かり合える基盤を持つことと言っても良いだろう。この対極として「分かり合えないこと」を意味するのが共約不可能性である。これは、「こちら側」と「あちら側」の間に共通枠組みは持てず、双方の間に断絶があることを強調する。そして、共約幻想は、この共約不可能性を認めながらも共約を志向する言葉である。「痛み」についてのヴィトゲンシュタインの論のように、「こちら側」と「あちら側」は厳密な意味では共通枠組みを持てないため、最終的には分かり合えないかもしれない。しかし、それでも分かり合えている、あるいはそうできるはずだと考えること、これが共約幻想という言葉に含まれる意味である。以上が、筆者の理解である。

1　共約不可能性による主体の現出

共約が「こちら側」と「あちら側」における理解の共通枠組みを持つことであると考えると、「理解の主体を一人に限定できないことが、理解そのものを成り立たせていたのかもしれない」という3章（西村）の指摘は非常に示唆的である。共約が共通枠組みを必要とするならば、共約の最も理想的な形は、理解における「こちら側」「あちら側」の区別そのものが無くなることであると考えられるからである。「こちら側」も「あちら側」も同一であれば、理解の枠組みも必然的に共通する。

しかし、「理解の主体を一人に限定できない」ことは、「こちら側」と「あちら側」の個別性を抑制する危険もあると言える。「私」はやはり「あなた」とは違う。たとえどんなに似ていても全くの同一化はあり得ず、それぞれの主体には必ず個別性が存在する。だからこそ「対話」が可能となるのである。この意味で、共約を極限まで追い求めることは「対話」の前提となる自己－他者の区別そのものを無化してしまう可能性がある。

対話が質的心理学の知を生み出す必要不可欠な手段であるとすれば、共約不可能性はここに積極的意義を持つ。共約不可能性が双方の断絶を強調するということは、「こちら側」と「あちら側」の主体の個別性を強調するとも言えるからである。「配慮」からそれ以上インタビュイーに質問を向けられなかった1章（川野）のエピソードは、この好例である。インタビュイーの彼岸に立つという川野の選択は、それ以上埋め得ない両者の間の共約不可能性をそこに立ち上がらせた。しかしこれは、「秘密」を知り得ない研究者と、「秘密」を「秘密」のまま提示するインタビュイーとの、それ以上まとめられない主体の個別性を強調する事態であったとも言えるだろう。また5章（和田）が例示する医療事故は、共約不可能性が対話の前提となる端的な例である。和田によれば医療側と患者側の間には「どこまで行っても埋め得ない共約不能な溝が存在する」。「溝」が存在するということは、医療側・患者側の双方に、共通枠組みを持ち得ないそれぞれの固有の領域、換言すれば主体の個別性があるということを意味する。しかし、それゆえに「相手方との間に存在する共約不能性の溝に少しでも橋をかけてい」こうとする対話が行われるのである。和田が言うように「大切なのは、共約不能性を解消することではなく、むしろそれを認めること」なのである。

2　共約不可能性による新たな対話の現出

以前は共約不可能に思われたことが、今は共約可能であるかのように認識されることがある。これは理解の主体である「こちら側」の変化であると言える。「これは大事な場面だという感覚はあったものの、それ以上言語化できなかった」場面の意味が、「私にはわかったような気がした」となるに至る6章（作道）の記述はその具体例である。作道によれば、これを可能にしたのは、そのフィールドの「人びとと暮らしながら、出来事に遭遇し、相手の個々の背景を知り、エピソードを蓄積」したことである。ここからは、「言語化できなかった」〝私〟と、「わかったような気がした」〝私〟との間に、明らかな主体の変化があったことを読み取ることが出来るだろう。

「こちら側」の変化は、「あちら側」の変化も生むかもしれない。首狩りの理由を「怒り」と説明するイロンゴット族の答えに判然としない思いを持っていた人類学者が、妻を事故で失った時にその感覚を了解できたというエピソードを考えてみたい（5章）。和田が述べるように、了解できたからと言って人類学者が首狩りを行うわけではなく、その意味で「最終的な共約不能性は残る」。だが、ここで現出する「あちら側」としてのイロンゴット族は、判然としなかった人類学者の前に現出していたイロンゴット族とは違うはずである。つまり、「こちら側」の変化は新たな「あちら側」を現出させ得る。これは換言すれば、新たな他者の発見であるとも言えるだろう。

「こちら側」も「あちら側」も変化するということは、共約不可能性そのものもまた変化し得るということである。４章（森）は、スキーマアプローチによって「体験者の体験性へと到達可能であり、このレベルで体験は共約可能である」ことを指摘したが、同時に、「体験の意味にも他者は到達でき、共約可能となるのであろうか」と、そこから導かれる新たな問いを提起している。これは、それまで共約不可能であった現象が共約可能となることが、「こちら側」と「あちら側」に新たな「溝」、すなわち新たな共約不可能性を現出させるということを示しているとも言えよう。前節で述べたように、共約不可能性は対話を生む。この意味で、新たな共約不可能性の現出は新たな対話が生み出される契機であるとも言えるのである。

3　質的心理学の科学性における共約不可能性の意義

共約が共通枠組みを持つことであるとすると、共約の記述は一種の「一般性」の記述であると言える。量的研究ではトップダウン的な操作（尺度水準の統一など）によって半ば強制的に共約を行う。対照的に、質的心理学ではそういった一様な基準を放棄した上で、それでも共約を目指す。そのため研究者と研究協力者の間、ないしは研究協力者同士の間で「互いに分かり合える基盤」そのものを見出すことが研究の大きな目的となる。[2] この意味で質的心理学における「一般性」は、共約をいかに記述するのかにかかっていると言うことができるだろう。一様な基準を排して共約を試みることは、7章（八ッ塚・川野）が指摘するように「およそ奇跡のようにも見える」。質的心理学における一般性の追求は、この「奇跡」をある意味で信じながら知を生みだしていく作業であると言える。「質的心理学の科学性は、『幻想』を不可欠の契機として含んでいるのかもしれない」という指摘は、このことを端的に表している。

しかしながら、共約のみを追求することは研究協力者との対話自体を不可能にしてしまう。確かに、共約不可能性は共通性に還元できない研究者や研究協力者の個別性を浮き立たせるものであるため、「一般性」を志向する上で支障となり得る。そのため量的研究では、この問題を〝解決〟するために「統制」といった手続きを取る。しかし、このことは研究に影響を与える主体の個別性が（量的・質的問わず）疑いなく存在するということを強力に示してもいる。質的心理学が量的研究のような基準を排したということは、そこに現れる主体を積極的に加味できるということでもある。であるならば、共約不可能性をも積極的に記述する方法を考えていくことが必要ではないだろうか[3]。

この点で、第一巻にも掲載されている石川（2010）の指摘は大変興味深い。石川は「当事者にとってより根底的と思われる苦悩を感受することを可能にした」のは、「分からないもの」の自覚であると述べている。共約不可能性は、個別性を持つ主体としての研究者自身と、共約不可能な他者としての研究協力者を現出させる。そしてこれによって、それまでとは異なった新たな対話が可能となるのである。この意味で、共約不可能性は質的心理学研究における「奇跡」の成立をより確かなものとする可能性を持つと言える。「自然科学や量的研究におけるそれとは異なる意味で構想されなくてはならない」「質的心理学の科学性」（7章）は、共約と共約不可能性の両輪の記述によって担保されるものではないかと筆者は考える。

注

［1］本書の中で共約が論じられる関係は、研究者／研究協力者、患者／医療者、研究協力者同士など各章ごとに様々であったため、ここでは「こちら側」と「あちら側」と記載した。

［2］データ間の比較を繰り返し、どのデータに対しても説明可能な理論の構築（理論的飽和）を目指すグラウンデッド・セオリー法などはこの典型例と言えよう。

［3］本稿の議論を踏まえれば、共約不可能性の記述は、「こちら側」としての研究者の主体の記述とほぼ重なる。そこで共約不可能性を記述する一つの方法は、研究者の在り方を記述することであると言える。例えば、研究者が調査段階で持っていた研究への構え（どんな目的を持ち、どのような結果を得ようとしていたか）を記述するということが有用かもしれない。これによって研究者がその研究によって何を分かろうとしていたか（そして、何を分かろうとしていなかったか）が明確となるため、逆照射的に研究者と研究協力者の間に存在する共約不可能性が浮き彫りになるからである。

編者から

川野健治・八ッ塚一郎

山本氏の「共約可能性の共約不可能性」は本書のテーマを表層的に議論することに警鐘を鳴らし、擬似問題に陥らない実質的な議論のあり方を提起している。共約可能性と不可能性の問題をなんらかの固定的状態として取り上げる代わりに、動的コミュニケーションの中での事態の見え方と位置づけたうえで、四つの論文を辿った。その結論として、共約性と共約不可能性を規定するものは、研究という語りを誰とどのように共有しようとするのかという実践的な立場であるとした。

東村氏の「質的研究という営み、論文という物語り」もまた、各論文に通底する視点を探る。そして、研究者のことばが共約可能なものを切り出すと同時に、不可能なものを生み出すことが、質的研究の根拠を形成するというモチーフを取り出した。さらにこのモチーフを論文という物語りに敷衍させるとき、研究協力者やフィールドの人々との共約不可能性があらためて問題となるが、対話の継続や語り継ぎができることをもって、あるいはその対話自体の記述方法を見出すことによって、この「ずれ」を評価していこうとする。

このように両氏の議論の構成や視野の持ち方は異なるものの、動的なコミュニケーション実践としての対話、共約可能性と不可能性の両契機を不可欠とする点、研究という語りの共有という要素を鮮やかに切り出してみせた。そして両氏とも、その帰結として書簡体論文（矢守 2009）という記述形式に着目した。

書簡体論文は、論理実証主義に基づくいわゆる学術論文のような「ユニヴァーサルな記述形式」や時間と空間が限定された現場のメモのような「ローカルな記述形式」とは異なり、複数のローカルな記述形式が言語的多様性を呈したまま接続し、かつ「独特な統一」をみせるものとして構想されている。そのポイントが、言葉の応酬、すなわち対話によって、個々のローカリティに潜在している否定を顕在化させる点にあることを考えると、インターローカルな記述形式の検討が、この2本の意見論文と響きあい、そして特集の要点を射程に収めることは疑いない。ただし、山本氏が言及したように「研究者と被研究者との間に動的な対話関係を必要としない」森論文（4章）は、一連の議論に対していわば特異点として現出し、独自の地位を占めるに至った。

あとの2本の意見論文は、記述形式より、上の表現を借りるなら「潜在していた否定の顕在化過程」に身をおく研究者の変化や体験に焦点をあてているといえる。荘島氏の「質的研究における『秘密』」は、川野論文（1章）に焦点をしぼって、「秘密」という主題を扱うことの必要性、さらに秘密を媒介とする研究者の責任や変容という問題を論じた。

研究協力者が小説の形式に寄せて示したメッセージに対し「返す言葉をみつけることができず

に、関係の中で置き去りにされた私は、このとき初めて彼と同じ地平に立つことができた」という一文に、研究者（と協力者）の安定した世界が崩れ始めたときの重要性が示唆される。

綾城氏の「質的心理学における共約不可能性の意義」は、本書全体を通して検討し、共約可能性こそが研究における「あちら側」と「こちら側」の変化を生み出し、それと同時に主体を成立させ、対話を引き出すというモチーフを取り出している。本シリーズの別書『インタビューという実践』へのリプライ（石川 2010）にまで志向の糸を伸ばし、「当事者にとって根底的と思われる苦悩を感受することを可能にした」のは、「分からないもの」の自覚であるという一節に、共約不可能性の意義を見出している。

先にふれた「潜在化されていた否定の顕在化過程」とは、本書のコンテクストに置き換えるなら、共約幻想が破れ、共約不可能性がコミュニケーション主体のずれとして認識される事態であろう。では、その過程の只中において、荘島氏と綾城氏が存在を指摘した主体の「置き去り感」「苦悩」が意味することは何か。それは、旧態依然とした電信モデル（あるいは情報処理モデルというべきだろうか）、すなわち、抽象化され独立した二点間を信号が行き交うことで理解が成立するという姿からコミュニケーションを救い出し、生活する実際の主体（ローカリティ）相互の関わりを多層的な関係として注視する必要性である。ここにおいて、先に森論文（4章）が特異点として現出した事態は、コミュニケーションを「言葉」の往復として形式化したことに、つまり対話を情報交換の一次元と読み替えがちな私たちの認識傾向に由来したと考えられる。これに対し、両氏の論文は、主観とともに変容し顕在化する主体の異なる次元、たとえば身体へと議論を開く。このとき、理解は十全な情報構造の成立ではなく、世界との取り結び方の変容として捉えられ、その変容自体も受肉化し「主観的感情体験」となるのである。

ところで、２０１０年11月28日、日本質的心理学会第７回大会ではシンポジウム「物語りと共約幻想――『フォーラム』から更なる対話への深譚」が開催された。ここでは、紙上では成立しえない、各論文の著者同士による対話を試みている。内容は多岐に渡ったが、特に本稿に関して、編者のメモから以下のフレーズを拾い上げておきたい。「(法律の) 女神は目隠しをして双方をはかりにかける。分かろうとしているわけではない」「(法の世界には) わかろうとするパフォーマンスが欠けている」「分かる・分かられるというラポールが研究の目的ではない」「(看護研究では) その場に留まろうとする倫理性を感じる」。いずれも「言葉」だけに縋り付かんとする「研究」を解きほぐし、物語りをその生成過程と繋ぎ直そうとしているかのようである。

このシンポジウムで指定討論を担った高木光太郎氏は、これらの討論はいずれも言語を媒介とした社会的相互作用に関するものであるが、物語りの多元性と身体の布置という補助線によって構造化できると指摘した。つまり、外的のみならず、内的世界においても多数の物語りがしのぎ合う紛争という状況を語りつくすことで、矛盾を抱える身体を再発見しようとする和田氏の試みと、思い出さんとする身体の揺らぎに方法論的に着目することで物語りを吟味しようとする森氏の挑戦は、異なる方向から共通の根をもつアプローチである。一方、裁判、医療現場、そしてトウルカナの世界にまず身体を置く者らは、言葉を生み出す手前において共在し、相互作用せざるをえない事態にある。ここで成立するのはローカルで時間的に展開し、全体を俯瞰できない＝渦中性という体験の特徴である。これに対し、事後的に成立し、ゆえに空間的に把握される「物語」の意味への接近だけでは、その理解には至らない。西村氏が指摘するように、相互の身体への志向を多層に重ねあう中で、あるいは作道氏が指摘するようにフィールドに居続け、あるいは居たたまれずに引き離すというローカルな身体布置を通して、まず感得され、次に言語化されていく。

纏めておこう。私たちの日常のコミュニケーションは、身体への志向の恐るべき蠢きと多元的な物語りの応酬を背景に、共約幻想に秩序を見出す動的過程である。同様のコミュニケーションを入り口とする質的研究者は、いずれ「わからない」という感情体験とともに、この背景に触れる。他方、裁判のように最初から幻想の破綻を対象とする現場や、看護師や異文化でのフィールドワーカーのように、幻想を持たずにその場に居ることがむしろ常態であるアプローチもある。しかしいずれも、気づきをエクリチュールとして呈示することを生業とする者である以上、共約せずとも、共有できる価値を見出す必要がある。その記述形式の要件が多元性と身体性の適切な呈示とするならば、現時点では対話の継続によって実現させることが有力であるが、検討の余地もある。本書は、その対話を始める場にたどり着いているのではないか。これが本章冒頭で述べたことの意味するところである。会員の皆様には、今後ともフォーラム特集において豊かな対話の実現にご参画いただきたい。

あとがき

科学とは何か、研究とはどのような営みかが、社会の至る所で問い直されている。本書の最終校正を行っていた時期にも、研究の不正やデータの捏造という言葉が、生命科学など複数の分野で大きな話題となった。また東日本大震災の体験は、社会の中で科学の果たすべき役割、巨大化した科学技術のもたらす災厄など、深刻な問いを今も私たちに突きつけている。

本書のもととなった『質的心理学フォーラム』第２号が刊行されたのは、大震災以前の２０１０年である。また、本書で扱われているのはきわめて人間的な現象の数々であり、科学技術論や生命科学論は直接の主題ではない。しかし、科学的であるとはどういうことかを問い直そうとする時代の流れと、本書は紛れもなく共鳴している。

数量的・実験的でさえあれば科学になるわけではない。だからといって、質的であることが何かを特権的に保証してくれるわけでもない。自分は何を研究しようとしているのか。研究の対象はどのような存在なのか。どうすれば対象を理解したことになるのか。そして、その研究を通して何が生み出され、いかなる変化がもたらされることになるのか。これらの問いを通して、自らにとって最善の方法を絶えず模索することだけが、科学としての姿勢を支える。それは青臭く素朴な問いかもしれない。しかし少なくとも、人間という複雑な現象を対象に、新たな研究の領野を目指す質的心理学にとって、こうした問いは常に不可欠であろう。

『フォーラム』という対話の場は、こうした問いを掘り下げるのに最適の環境であった。多彩な研究の現場から問いに応じていただき、対話が響き合う瞬間に立ち会えたことは、編者にとって何より幸福な体験であった。思弁的、哲学的と見える議論こそが、フィールドの生々しい経験を表現できる場合がある。矛盾と困難が研究の方向の正しさを証明し、新たな視座と方法を導き出す。ものの見方、表現の仕方、人との接し方など、研究に向かう佇まいを明日から変えてしまう洞察の数々が、本書には満ちあふれている。新しい器を得て、本書がさらなる対話へと開かれることを喜びたい。

執筆いただいた方々にあらためてお礼を申し上げるとともに、以下の方々についてもお名前を挙げて深甚の謝意を表する。『フォーラム』第2号編集委員としてご助言ご助力をいただいた、荒川歩、上淵寿、鹿嶌達哉、斎藤清二、操華子、山田富秋の各氏。同誌の編集総務として編者を支えていただいた、磯村陸子、竹田恵子の両氏。シンポジウム（8章）というかたちで本書と対話していただいた高木光太郎氏。『フォーラム』現編集委員長として本書の企画を後押しいただいた尾見康博氏。ありがとうございました。

２０１４年５月19日

編者一同

新曜社 質的心理学フォーラム選書 2
物語りと共約幻想

初版第1刷発行 2014年7月15日

編 者 川野健治・八ッ塚一郎・本山方子
発行者 塩浦 暲
発行所 株式会社 新曜社
〒101-0051 東京都千代田区神田神保町3-9
電話 (03)3264-4973・FAX (03)3239-2958
e-mail : info@shin-yo-sha.co.jp
URL : http://www.shin-yo-sha.co.jp/
印刷所 新日本印刷
製本所 イマヰ製本所

ISBN978-4-7885-1385-3 C1011

●編者紹介

川野健治（かわの　けんじ）【1 章，7 章（共著），8 章（共著）】
東京都立大学大学院人文科学研究科博士課程単位取得退学。早稲田大学博士（人間科学）。現在，国立精神・神経医療研究センター精神保健研究所自殺予防総合対策センター自殺予防対策支援研究室長。主要著書『身体から発達を問う』（共著）新曜社，2003 年 他。

八ッ塚一郎（やつづか　いちろう）【はじめに，2 章，7 章（共著），8 章（共著）】
京都大学大学院人間・環境学研究科修了。博士（人間・環境学）。現在，熊本大学教育学部准教授。主要著書『質的心理学ハンドブック』（分担執筆）新曜社，2013 年 他。

本山方子（もとやま　まさこ）
お茶の水女子大学人間文化研究科博士後期課程単位取得満期退学。修士（教育学）。現在，奈良女子大学研究院人文科学系准教授。主要著書『はじめての質的研究法』（分担執筆）東京図書，2007 年 他。

●執筆者紹介（執筆順）

斎藤清二（さいとう　せいじ）【序文】
新潟大学医学部卒業。博士（医学）。現在，富山大学保健管理センター教授。主要著書『事例研究というパラダイム』岩崎学術出版社，2013 年 他。本シリーズ第 1 巻編者。

西村ユミ（にしむら　ゆみ）【3 章】
日本赤十字看護大学大学院看護学研究科博士後期課程修了。博士（看護学）。現在，首都大学東京健康福祉学部教授。主要著書『交流する身体』日本放送出版協会，2007 年 他。

森　直久（もり　なおひさ）【4 章】
筑波大学大学院博士課程心理学研究科単位取得満期退学。博士（人間・環境学）。現在，札幌学院大学人文学部教授。主要著書『TEM ではじめる質的研究』（共著）誠信書房，2009 年 他。

和田仁孝（わだ　よしたか）【5 章】
京都大学大学院法学研究科修了。博士（法学）。現在，早稲田大学大学院法務研究科教授。主要著書『医療メディエーション』（共著）シーニュ，2011 年 他。

作道信介（さくみち　しんすけ）【6 章】
東北大学文学研究科修了。博士（文学）。現在，弘前大学人文学部教授。主要著書『近代化のフィールドワーク』（編著）東信堂，2008 年 他。

山本登志哉（やまもと　としや）【8 章（共著）】
京都大学大学院文学研究科修了。北京師範大学研究生院博士（教育学）。現在，中国政法大学犯罪心理学研究所特聘研究員。主要著書『ディスコミュニケーションの心理学』（共編著）東京大学出版会，2011 年 他。

東村知子（ひがしむら　ともこ）【8 章（共著）】
京都大学大学院人間・環境学研究科修了。博士（人間・環境学）。現在，奈良文化女子短期大学部幼児教育学科准教授。主要著書『コミュニティのグループ・ダイナミックス』（分担執筆）京都大学学術出版会，2006 年 他。

荘島幸子（しょうじま　さちこ）【8 章（共著）】
京都大学大学院教育学研究科博士課程修了。博士（教育学）。現在，帝京平成大学健康メディカル学部専任講師。主要著書『＜境界＞の今を生きる』（分担執筆）東信堂，2009 年 他。

綾城初穂（あやしろ　はつほ）【8 章（共著）】
東京大学大学院教育学研究科博士課程修了。博士（教育学）。主要論文「「聖域」としての個人」質的心理学研究，13，pp.62-81，2014 年 他。

文　献

１章　秘密、もしくは立ち上がる主体のために

川野健治．(2009)．臨床場面での「語り」研究．塩崎万理・岡田努（編），自己心理学３　健康心理学・臨床心理学へのアプローチ（pp.41-61）．東京：金子書房．

まど・みちお．(1994)．まど・みちお全詩集．伊藤英治（編）．東京：理論社．

宮沢章夫．(2006)．演劇は道具だ．東京：理論社．

菅野仁．(2003)．ジンメル・つながりの哲学．東京：日本放送出版協会（NHKブックス）．

内田樹．(2009)．日本辺境論．東京：新潮社（新潮新書）．

２章　理論を帯びた研究、理論という名の方法

ブルーナー，J. (1999)．意味の復権 —— フォークサイコロジーに向けて（岡本夏木・仲渡一美・吉村啓子，訳）．京都：ミネルヴァ書房．(Bruner, J. (1990). *Acts of meaning*. Cambridge: Harvard University Press.)

Lewin, K. (1946). Action research and minority problems. *Journal of Social Issues, 2*, 34-46.

宮本常一・安渓遊地．(2008)．調査されるという迷惑 —— フィールドに出かける前に読んでおく本．神戸：みずのわ出版．

パーカー，I. (2008)．ラディカル質的心理学 —— アクションリサーチ入門（八ッ塚一郎，訳）．京都：ナカニシヤ出版．(Parker, I. (2005). *Qualitative psychology: Introducing radical research*. Berkshire, UK: Open University Press.)

八ッ塚一郎．(2008)．阪神大震災を契機とする記録ボランティア活動の勃興と変遷 —— 社会変動の観点からみたその意義と可能性についての考察．実験社会心理学研究，*47*(2)，146-159.

３章　看護実践はいかに語られるのか？

阿保順子．(2004)．看護の中の身体 —— 対他的技術を成立させるもの．*Quality Nursing, 10*（12），6-12.

前田泰樹．(2009)．遺伝学的知識と病いの語り —— メンバーシップ・カテ

ゴリー化の実践．酒井泰斗・浦野茂・前田泰樹・中村和生（編），概念分析の社会学 ―― 社会的経験と人間の科学（pp.41-69）．京都：ナカニシヤ出版．

前田泰樹・西村ユミ．(2010)．「メンバーの測定装置」としての「痛みスケール」 ―― 急性期看護場面のワークの研究．東海大学総合教育センター紀要，*30*，41-58．

メルロ＝ポンティ，M. (1967)．知覚の現象学 1（竹内芳郎・小木貞孝，訳）．東京：みすず書房．(Merleau-Ponty, M. (1945). *Phénoménologie de la perception*. Paris: Gallimard.)

メルロ＝ポンティ，M. (1969). シーニュ 1（竹内芳郎・粟津則雄・海老坂武・木田元・滝浦静雄，訳）．東京：みすず書房．(Merleau-Ponty, M. (1960). *Signes*. Paris: Gallimard.)

メルロ＝ポンティ，M. (1974)．知覚の現象学 2（竹内芳郎・木田元・宮本忠雄，訳）．東京：みすず書房．(Merleau-Ponty, M. (1945). *Phénoménologie de la perception*. Paris: Gallimard.)

西村ユミ．(2007)．〈動くこと〉としての〈見ること〉 ―― 身体化された看護実践の知．石川准（編），身体をめぐるレッスン 3 ―― 脈打つ身体（pp.127-152）．東京：岩波書店．

西村ユミ．(2008)．ケアの意味づけに立ち会う ―― メルロ＝ポンティの視線に伴われて．思想，*11*(1015)，183-199．

サーサス，G. (1995)．エスノメソドロジー ―― 社会科学における新たな展開．G. サーサス・H. ガーフィンケル・H. サックス・E. シェグロフ（著），日常性の解剖学 ―― 知と会話〈新版〉（北澤裕・西阪仰，訳）（pp.5-30）．東京：マルジュ社．(Psathas, G. (1988). *Ethnomethodology as a new development in the social sciences*. Tokyo: Lecture presented to the Faculty of Waseda University.)

菅原和孝．(2000)．語ることによる経験の組織化 ―― ブッシュマンの男たちの生活史から．やまだようこ（編著）．人生を物語る（pp.147-181）．東京：ミネルヴァ書房．

田中美恵子（企画編集）．(2009)．言葉にならない技術の共有・伝達・創発 ―― 暗黙知の学際的検討．インターナショナルナーシングレビュー，*32*（4），12-41．

ヴォーン, S.・シューム, J. S.・シナグブ, J. (1999). グループ・インタビューの技法（井下理，監訳；田部井潤・柴原宣幸，訳）．東京：慶応義塾大学出版会．（Vaughn, S., Schumm, J. S., & Sinagub, J. (1996). *Focus group interviews in education and psychology*. Thousand Oaks: SAGE Publications.）

ワインバーグ, D. B. (2007). 些細な事が大きな事へとつながる —— 看護師が仕事をする上で重要になる関係．S. ネルソン・S. ゴードン（編），ケアの複雑性 —— 看護を再考する（井部俊子，監修；阿部里美，訳）(pp.44-61)．東京：エルゼビア・ジャパン．（Weinberg, D. B. (2006). When little things are big things: The importance of relationship for nurses' professional practice. In S. Nelson & S. Gordon (Eds). *The complexities of care: Nursing reconsidered*. Ithaca, N.Y.: Cornell University Press.）

4章　語りによる体験の共約可能性

ブルーナー, J. (2007). ストーリーの心理学 —— 法・文学・生をむすぶ（岡本夏木・吉村啓子・添田久美子，訳）．京都：ミネルヴァ書房．(Bruner, J. (2002) *Making stories: Law, literature, life*. Cambridge: Harvard University Press.)

Coulter, J. (1979). *The social construction of mind*. London: Macmillan.

エビングハウス, H. (1987). 記憶について（宇津木保，訳）．東京：誠信書房．(Ebbinghaus, H. (1885). *Ueber das gedaechitnis*. Leipzig: Dunker.)

Edwards, D. & Potter, J. (1992). *Discursive psychology*. London: Sage.

Gergen, K. J. (1994). Mind, text, and society: Self-memory in social context. In U. Neisser & R. Fivush (Eds.), *The remembering self: Construction and accuracy in the self-narrative* (pp.78-104). Cambridge: Cambridge University Press.

原聰・高木光太郎・松島恵介．(1997)．対話特性に基づく心理学的供述分析（下）—— 足利事件被告人Sの公判証言を素材として．駿河台大学論叢, *14*, 109-176.

Latour, B. (2005). *Reassembling the social: An introduction to actor-network theory*. New York: Oxford University Press.

森直久．(1995)．共同想起事態における想起の機能と集団の性格．心理学評論，*38*，107-136.

Mori, N. (2008). Styles of remembering and types of experience: An experimental investigation of reconstructive memory. *Integrative Psychological and Behavioral Science, 42*, 291-314.

Mori, N. (2009a). The schema approach: A dynamic view on remembering. In J. Valsiner, P. C. M. Molenaar, M. C. D. P. Lyra, & N. Chaudhary (Eds.), *Dynamic process methodology in the social and developmental sciences* (pp.123-140). New York: Springer.

Mori, N. (2009b). *A new approach to examine confession and testimony credibility*. Presentation at The 8th Biennial Meeting of the Society for Applied Research in Memory & Cognition. Kyoto, Japan.

Mori, N. (2009c). Discrepancies drive remembering and show the particularity of an individual: A commentary on Reavy & Brown. *Culture & Psychology, 15*(4), 497-505.

西阪仰．(1998)．概念分析とエスノメソドロジー ―― 記憶の用法．山田富秋・好井裕明（編)，エスノメソドロジーの想像力（pp.204-223)．東京：せりか書房.

西阪仰．(2001)．心と行為 ―― エスノメソドロジーの視点．東京：岩波書店.

大橋靖史・森直久・高木光太郎・松島恵介．(2002)．心理学者、裁判と出会う．京都：北大路書房.

大森荘蔵．(1992)．時間と自我．東京：青土社.

Reavey, P. & Brown, S. D. (2009). The mediating role of objects in recollections of adult women survivors of child sexual abuse. *Culture & Psychology, 15*(4), 463-484.

Shotter, J. (1990). The social construction of remembering and forgetting. In D. Middleton & D. Edwards (Eds.), *Collective remembering* (pp.120-138). London: Sage.

冨山一郎．(1995)．戦場の記憶．東京：日本経済評論社.

渡部保夫．(1992)．無罪の発見 ―― 証拠の分析と判断基準．東京：勁草書房.

Wertsch, J. V. (2002). *Voices of collective remembering*. New York: Cambridge University Press.

山下和也．(2010)．オートポイエーシス論入門．京都：ミネルヴァ書房．

5章　ナラティヴの交錯としての紛争

ブルデュ，P. (2001)．新装　実践感覚 1・2（今村仁司・福井憲彦・塚原史・港道隆，訳）．東京：みすず書房．(Bourdieu, P. (1980). *Le sens pratique*. Paris: Editions de Minuit.)
ロサルド，R. (1998)．文化と真実 —— 社会分析の再構築（椎名美智，訳）．東京：日本エディタースクール出版部．(Rosaldo, R. (1993). *Culture and truth : the remaking of social analysis*. Boston: Beacon Press.)
和田仁孝．(1996)．法社会学の解体と再生 —— ポストモダンを超えて．東京：弘文堂．
和田仁孝・中西淑美．(2006)．医療コンフリクト・マネジメント —— メディエーションの理論と技法．東京：シーニュ．
ウィンスレイド，J.・モンク，G. (2010)．ナラティヴ・メディエーション（国重浩一・バーナード杉山紫，訳）．京都：北大路書房．(Winslade, J & Monk, G. (2000). *Narrative mediation: A new approach to conflict resolution*. San Francisco, CA: Jossy-Bass.)

6章　共約と共在

Csordas, T. J. (2005). Intersubjectivity and intercorporeality. In K. Sugawara (Ed.), *Construction and distribution of body resources: Correlations between ecological, symbolic and medical systems* (pp.126-135). Tokyo: The Head Office of the Project on "Distribution and Sharing of Resources in Symbolic and Ecological Systems: Integrative Model-building in Anthropology".
遠藤利彦．(2006)．質的研究と語りをめぐるいくつかの雑感．能智正博(編)，〈語り〉と出会う —— 質的研究の新たな展開に向けて（pp.191-235）．京都：ミネルヴァ書房．
北村光二．(2002)．牧畜民の認識論的特異性 —— 北ケニア牧畜民トゥルカナにおける「生存の技法」．佐藤俊（編），講座・生態人類学 4　遊牧民の世界（pp.87-125）．京都：京都大学学術出版会．
レーナルト，M. (1990)．ド・カモ —— メラネシア世界の人格と神話（坂

井信三，訳）．東京：せりか書房．（Leenhardt, M. (1947). *Do kamo: La personne et le mythe dans le monde melanesien*. Paris: Gallimard.）

西村ユミ．(2007)．交流する身体――「ケア」を捉えなおす．東京：日本放送出版協会．

坂井信三．(1990)．訳者あとがき．レーナルト，M.，ド・カモ――メラネシア世界の人格と神話（pp.349-373）．東京：せりか書房．

作道信介．(2001)．“つらさ”を手がかりにしたフィールド理解の試み――北西ケニア・トゥルカナにおけるフィールドワークから，人文社会論叢．人文科学篇，*5*，77-109．

佐藤郁哉．(2002)．組織と経営について知るための実践フィールドワーク入門（p.214），東京：有斐閣．

菅原和孝．(2004)．ブッシュマンとして生きる（p.123），東京：中央公論新社．

スペルベル，D.・ウイルソン，D.(1999).関連性理論――伝達と認知（第２版）（内田聖二，中逵俊明，宋南先，田中圭子，訳）．東京：研究社出版．（Sperber, D. & Wilson, D. (1995). *Relevance: Communication and cognition* (2nd Ed.). Oxford, U.K.; Cambridge, Mass.: Blackwell.）

７章　連鎖するプロセス

参考文献なし

８章　問題の再提起とリプライ

共約可能性の共約不可能性

廣松渉・竹田青嗣．(1989)．現象学的方法の可能性をめぐって．オルガン，*8*，74-113．

呉宣児．(2011)．異文化理解における対の構造と多声性．山本登志哉・高木光太郎（編），ディスコミュニケーションの心理学――ズレを生きる私たち（pp.49-69）．東京：東京大学出版会．

高木光太郎．(2011)．回想とディスコミュニケーション．山本登志哉・高木光太郎（編），ディスコミュニケーションの心理学――ズレを生きる私たち（pp.137-157）．東京：東京大学出版会．

山本登志哉．(2007)．供述の分析――構造的ディスコミュニケーション分析を例に．能智正博・川野健治（編），はじめての質的研究法――臨床・

社会編 (pp.122-148). 東京：東京図書.
山本登志哉. (2011). ディスコミュニケーション分析の意味. 山本登志哉・高木光太郎 (編), ディスコミュニケーションの心理学 —— ズレを生きる私たち (pp.213-245). 東京：東京大学出版会.
山本登志哉・姜英敏 (2011). ズレの展開としての文化間対話. 山本登志哉・高木光太郎 (編), ディスコミュニケーションの心理学 —— ズレを生きる私たち (pp.17-48). 東京：東京大学出版会.
山本登志哉・高木光太郎 (編). (2011). ディスコミュニケーションの心理学 —— ズレを生きる私たち. 東京：東京大学出版会.
Yamamoto, T., & Takahashi, N. (2007). Money as a cultural tool mediating personal relationships: Child development of exchange and possession, In J. Valsiner, & A. Rosa (Eds.), *Cambridge handbook of sociocultural psychology* (pp.508-523), New York; Cambridge University Press.
Yamamoto, T., Takahashi, N., Sato, T., Takeo, K., Oh, S. & Pian, C. (2012). How can we study interactions mediated by money as a cultural tool: From the perspectives of "Cultural Psychology of Differences" as a dialogical method, in J. Valsiner (Ed.). *Oxford handbook of culture and psychology*. New York: Oxford University Press.
矢守克也 (2009).「書簡体論文」の可能性と課題. 質的心理学研究, *8*, 64-74.

質的研究という営み、論文という物語り

麻生武. (1992). 身ぶりからことばへ —— 赤ちゃんにみる私たちの起源. 東京：新曜社.
伊藤哲司・矢守克也. (2009). インターローカリティをめぐる往復書簡. 質的心理学研究, *8*, 43-63.
熊野純彦. (2007). 解説　ことばへの問い、世界への問い. 廣松渉 (著), もの・こと・ことば (pp.261-270). 東京：筑摩書房.
奥村隆. (1998). 他者といる技法 —— コミュニケーションの社会学. 東京：日本評論社.
パーカー, I. (2008). ラディカル質的心理学 —— アクションリサーチ入門 (八ッ塚一郎, 訳). 京都：ナカニシヤ出版. (Parker, I. (2005). *Qualitative psychology: Introducing radical research.* Berkshire, UK:

Open University Press.)
ホワイト，M.　& エプストン，D.　(1992)．物語としての家族 (小森康永，訳)．　東京：金剛出版．(White, M. & Epston, D. (1990). *Narrative means to therapeutic ends*. New York: Norton.)
矢守克也．(2009)．書簡体論文の可能性と課題．質的心理学研究，*8*，64-74．

質的研究における「秘密」

遠藤利彦．(2006)．質的研究と語りをめぐるいくつかの雑感．能智正博 (編)，＜語り＞と出会う ―― 質的研究の新たな展開に向けて (pp.191-235)．京都：ミネルヴァ書房．
川野健治．(2008)．自死遺族の語り ―― 今、返事を書くということ．やまだようこ (編), 質的心理学講座 2　人生と病いの語り (pp.79-99)．東京：東京大学出版会．
荘島幸子．(2008)．「私は性同一性障害者である」という自己物語の再組織化過程 ―― 自らを「性同一性障害者」と語らなくなったAの事例の質的検討．パーソナリティ研究，*16*，256-278．
湧井幸子．(2006)．「望む性」を生きる自己の語られ方 ―― ある性同一性障害者の場合．質的心理学研究，*5*，27-47．

質的心理学における共約不可能性の意義

石川良子．(2010)．特集著者から　Re: リ・コロン［再論］第 1 号特集「インタビューという実践」．質的心理学フォーラム，*2*，88-89．